누구에게나 인생직업은 있다

방황하는 어른들을 위한 진로 교과서

누구에게나 인생 직업은 있다

초판 1쇄 인쇄 2020년 8월 28일
초판 1쇄 발행 2020년 9월 4일

지은이 이우진

발행인 백유미 조영석
발행처 (주)라온아시아
주소 서울특별시 서초구 효령로 34길 4, 프린스효령빌딩 5F

등록 2016년 7월 5일 제 2016-000141호
전화 070-7600-8230 **팩스** 070-4754-2473

값 15,000원
ISBN 979-11-90820-72-1 (03320)

방황하는 어른들을 위한 진로 교과서

누구에게나 인생직업은 있다

이우진 지음

RAON BOOK

성인도 진로교육이 필요하다!

어릴 적 나의 꿈은 멋진 망토를 두르고 하늘을 나는 슈퍼맨이었다. 위험에 빠진 여주인공과 시민들을 구출하고, 악당을 무찌르는 슈퍼맨은 어린 시절 내 마음속의 영웅이자 롤모델이었다. 그래서 나는 비장한 각오로 슈퍼맨이 되기 위한 계획에 착수했다.

첫 번째, 멋진 망토를 구한다.

하늘을 날 수 있는 망토는 아니었지만, 할머니 방에 있는 제법 그럴싸한 빨간색 보자기로 망토를 대신할 수 있었다.

두 번째, 체력을 키운다.

망토를 두른 채 매일 내 키보다 훌쩍 높은 담벼락에서 뛰어내리는 연습을 하고, 학교 운동장에서 달리는 연습도 빠뜨리지 않았다.

세 번째, 내 능력을 뽐낼 여자 주인공을 찾는다.

가끔 내 우스꽝스러운 모습을 멀리서 바라보던 한 여자아이가 있었다. 그래서 나는 그 여자아이를 여자 주인공으로 결정했다. 이제는 그 여주인공을 악당들로부터 멋지게 지켜주는 일만 남았다.

어느 날 운동장에서 그 여자아이와 친구들이 고무줄놀이를 하고 있는 것을 보았다. 그런데 얼핏 봐도 나보다 두세 살은 많아 보이는

옆 동네 형들이 그 아이의 고무줄놀이를 훼방하고 있는 것이 아닌가?

나는 그 기회를 놓치지 않고 쏜살같이 뛰어가 그 악당들 중 가장 키가 큰 우두머리의 멱살을 휘어잡았다. 그다음의 상황은 당신의 상상에 맡기겠다. 힌트를 살짝 주자면 그 후로 나는 그 여주인공의 얼굴을 도무지 창피해서 볼 수가 없었고, 몇 달 동안 그 아이를 피해 다녀야만 했다.

결국 어린 시절 나의 첫 번째 꿈은 그렇게 실패로 돌아가고 말았다.

베스트셀러였던 이지성 작가의 《꿈꾸는 다락방》에서는 간절히 원하고 생생하게 그리면 그 꿈은 반드시 현실이 된다고 했는데, 나는 왜 슈퍼맨이 되지 못했을까? 이유는 간단하다. 내가 꿈을 잘못 정했기 때문이다. 내게는 지구 중력을 초월하거나 하늘을 날 수 있는 초능력이 없었고, 무엇보다도 나의 부모는 외계인이 아니었다.

어쩌면 내가 정말 원했던 것은 슈퍼맨이 아니라 슈퍼맨과 같은 멋진 영화를 만드는 영화감독이나 영화의 주인공처럼 멋진 배우가 되는 것이었을지도 모른다. 만약 그때 내 꿈을 정확히 알았다면 어린 시절의 꿈이 현실이 될 가능성이 0%에서 조금은 더 높아지지 않았을까 하는 아쉬움이 남는다.

퇴직 면담을 하다 보면 자신의 적성과 흥미를 찾지 못한 이들을 자주 접하게 된다. 한 직원은 10년간 일해온 직업에 대해서 단 한 번도 행복감이나 만족감을 느낀 적이 없다고 털어놓았다. 그럼 왜 그 사람은 그 직업을 선택했고, 10년이 넘도록 원하지 않는 일을 해왔을까?

그의 답변은 이랬다. "그때는 이 일이 멋있어 보였어요. 그리고 제가 이 일을 좋아한다고 생각했죠. 그런데 이 일이 직업이 되고 난 후에야 내 적성과 전혀 맞지 않는다는 것을 알았어요. 하지만 당장 다른 대안을 찾을 수 없잖아요."

그는 3D 모델링 작업을 하는 직원이었는데, 최근 몇 년 동안은 인사고과에서도 좋지 않은 평가 등급을 받아왔다. 결국 그 직원은 지방에 계시는 부모님이 운영하는 설렁탕집에서 일을 배운 후에 자신도 설렁탕집을 차릴 계획이라고 했다.

2개월간의 인턴십 프로그램에 지원한 한 학생은 어린 시절부터 음악을 좋아했다고 했다. 그래서 최근까지도 프리랜서로 작곡 활동을 하고 있는데, 자신의 전공은 마케팅이고 부모님도 실용음악보다는 마케팅 관련 직업을 선택하기를 기대하신다고 했다. 그래서 마케팅 직무가 자신의 적성에 맞는지 인턴십 프로그램에 참여하여 직접 경험해보고 싶다는 것이었다. 이후 이 학생은 일반 대기업에 공채로 입사하여 1년간 마케팅 팀에서 근무했지만, 결국은 실용음악 분야로 진로를 바꾸었다는 이야기를 전해 들었다. 뒤늦은 결정이지만 그 학생의 결정에 박수를 보내고 싶다.

이처럼 지금도 많은 성인들이 여전히 자신의 진로를 정하지 못하고 방황하고 있다. 더 정확히 표현하자면 진로를 정하지 못한 것이 아니라 그냥 시간이 흐르는 대로 그때그때의 상황과 주변 사람들에 의해 자신의 진로를 결정한다.

연인과의 특별한 기념일을 만들기 위해 며칠씩 계획을 세우고, 오랜 친구와 유럽 배낭여행을 가기 위해서는 1년 전부터 계획을 세우면서, 왜 정작 자신의 인생을 결정지을 진로에 대해서는 별다른 계획과 준비를 하지 않는 것일까?

그 이유는 결과에 대한 책임이 나에게 돌아오기까지는 아직 시간이 많이 남았다고 생각하기 때문이다. 연인과의 데이트나 친구와의 배낭여행은 당장 계획을 잘 세우지 않으면 그에 따른 부정적인 결과가 바로 나타나지만, 진로에 대한 것은 당장 드러나지 않기 때문이다.

직장인들은 입버릇처럼 "회사를 그만두면 무얼 하지? 나중에 나이 들면 뭘 해서 먹고살지?"라는 걱정 섞인 말을 자주 한다. 하지만 다들 걱정만 할 뿐, 정작 그때를 대비해 진로를 계획하는 직장인은 거의 없다. 위에 말한 것처럼 아직은 먼 날의 일이라고 생각하기 때문이다.

나는 인사 전문가이면서 몇 년간 수백 명의 청소년을 대상으로 진로교육을 진행했던 경험을 가지고 있다. 성인 교육에 대한 효과에 의문이 들던 시절, '차라리 청소년 시기부터 올바른 진로교육을 해보는 것은 어떨까?' 하는 이유에서였다. 그리고 그렇게 시작한 청소년 진로교육 과정을 통해 쌓아온 지식과 경험을 바탕으로, 이제는 오히려 해당 프로그램을 성인에게 접목한다면 많은 도움을 줄 수 있을 것이라는 생각이 들었다. 자기 계발서나 리더십, 창업과 관련한 책들은 시중에 넘쳐나지만 그보다 중요한 직업을 선택하는 기준과 방법, 진로를 설계하는 과정에 대해서 알려주는 책은 매우 드물다. 그래서 이번에는 성인을 위한 성인 진로 교과서를 쓰게 되었다.

이 책은 간절히 원하면 이루어진다는 식의 아름다운 꿈과 희망을 전해주는 책과는 다르다. 실제로 아직 자신의 진로를 결정하지 못했거나 미래가 불확실한 이들이 올바른 진로를 설계할 수 있도록 명쾌한 방향을 제시할 것이다. 물론 그렇다고 해서 이 책이 당신의 진로를 결정해줄 수는 없다. 결국 결정은 당신의 몫이다.

대학교 초년생부터 퇴직을 앞둔 중년층에게까지, 이 책이 앞으로의 삶에 좋은 지침서가 되기를 바란다.

이우진

차 례

프롤로그 성인도 진로교육이 필요하다! 4

1장
왜 지금, 성인에게 진로교육이 필요한가?

대한민국 성인에게는 너무나 낯선 진로교육 17
이 세상 어디에도 직원을 위한 회사는 없다 24
면접에 합격한 그다음은 어떻게 할 것인가? 29
카카오뱅크 직원은 은행원일까, IT기업 직원일까? 34
SKY 중도 탈락자가 해마다 천 명이 넘는다고? 41

2장
내 안의 나를 찾아서

인류의 절반이 선생님, 운동선수, 과학자? 51
직업가치 매트릭스로 내게 적합한 직업을 찾아라 56
묘비명 작성으로 소망하는 삶 파악하기 63
행복한 성공을 위한 4가지 자세 69
DISC 성격유형검사로 자신에 대해 정확히 이해하기 76
MBTI 성격유형검사로 본인의 기질 파악하기 85
다중지능검사로 나의 강점지능을 찾아라 93
홀랜드 검사로 직업 흥미 알아보기 100

3장
비전과 생애설계 전략을 세워라

내 꿈을 실현해줄 비전 설계하기 109
비전 시각화하기 115
상상한 미래를 현실로 만들어주는 미래일기 쓰기 122
죽기 전에 정말 하고 싶은 버킷리스트 작성하기 127
과거, 현재, 미래를 담은 인생 그래프 작성하기 132
주변 사람에게 비전 선언하기 138
성공법칙: 성공 = P(Plan)+D(Do)+S(See) 143

4장
나에게 딱 맞는 직업 탐색의 노하우

다양한 직업 세계를 탐색하라 153

독서를 통해 성공한 이들의 노하우를 전수받아라 159

영화를 통한 진로 탐색 166

경험을 통한 직업 탐색 172

직업에서의 성공은 결코 행운이 아니다 178

미래를 이끌어갈 유망산업을 파악하라 184

'창직'으로 직업 선택의 한계를 뛰어넘어라 194

5장
HR 전문가가 알려주는 꼭 뽑고 싶은 인재의 조건

첫인상이 좋은 인재 203

자신을 누구보다 잘 알고 있는 인재 209

기업의 인재상에 부합하는 인재 216

자존감이 높은 인재 221

해당 직무에 대한 전문지식을 갖춘 인재 226

6장

면접관의 마음을 사로잡는 자기관리 스킬

습관 관리로 역량을 업그레이드하라 235
우선순위로 시간을 관리하라 242
긍정적으로 자기 감정을 관리하라 248
스펙보다 강력한 인맥을 관리하라 253
성공하고 싶다면 경력부터 관리하라 260

참고문헌 267

1장

왜 지금, 성인에게 진로교육이 필요한가?

대한민국 성인에게는 너무나 낯선 진로교육

나는 현직 채용담당자의 자격으로 취업상담회에 간혹 참석하게 된다. 그곳에서 만나는 취업 준비생들과 이야기를 나누다 보면 저마다 진로에 대한 고민이 많다는 것을 알 수 있다. 그런데 대부분의 취준생들이 여러 가지 이유로 진로를 결정하지 못한 채 상담을 받는다. 아마 이 책을 읽고 있는 당신도 자신의 진로에 대해서 막연하게 고민 중이지 않을까 싶다. 왜 우리는 성인이 된 지금도 진로에 대한 고민을 하고 있는 것일까? 그리고 성인에게도 진로교육이 필요한 이유는 무엇일까?

〈응답하라 1988〉 세대의 취업

1960~1970년대의 산업화 사회를 거쳐 IMF 사태 이전까지만 해도 고용시장의 상황은 "일할 사람이 없지, 일이 없나"라는 말이 나올 정도로 지금과는 많이 달랐다. 일자리가 넘쳐났다는 표현에는 다소 과장이 있더라도, 최소한 일자리가 없어 취업을 못하는 시대는 아니었다. 공업고등학교나 상업고등학교를 졸업하고도 충분히 은행이나 공공기관에 취업할 수 있었고, 소위 명문대라 불리는 서울의 주요 대학 졸업생들은 대기업에서 용돈까지 쥐어주며 서로 모셔가려고 경쟁을 벌이기도 했다. 이처럼 드라마 〈응답하라 1988〉에 등장했던 주인공들의 세대는 대학을 나왔든 그렇지 않든, 최소한 취업 때문에 걱정하던 세대는 아니었다.

또 이 시기는 직업에 귀천이 없다는 말이 어느 정도는 먹혀들었던 시대이기도 하다. 당시에도 사무직과 생산직을 구분하는 화이트칼라, 블루칼라와 같은 용어는 있었지만, 블루칼라 일자리에 대한 인식이 지금처럼 부정적이지는 않았다. 기술을 배운다는 것 자체가 부끄러운 일로 여겨지지는 않았기 때문이다.

반면 학벌주의라는 말이 고착화된 것도 이즈음이다. 대졸자가 많지 않던 당시에는 서울의 4년제 대학만 졸업하면 양질의 직업이 어느 정도 보장되었고, 결국 학연을 중심으로 똘똘 뭉친 그들이 사회의 각계각층에서 높은 지위에 오르면서, 사회적 성공을 이루기 위해서는 좋은 대학에 들어가야 한다는 인식이 사람들 사이에 자연스럽게 자리 잡게 되었다.

냉혹한 고용시장의 현실

문제는 지금도 그 당시의 DNA가 고스란히 남아 있다는 점이다. 아직도 많은 사람들은 대학이 미래를 보장해줄 것이라는 막연한 기대 속에 살고 있다. '좋은 대학만 나오면 어떻게든 되겠지, 그때 그랬던 것처럼'이라고 말이다.

하지만 안타깝게도 '응팔' 세대인 부모를 둔 당신이 살고 있는 지금 이 사회의 고용 환경은 그때와는 너무도 달라져버렸다. 너 나 할 것 없이 대학에 들어가고 블루칼라 직종의 일을 꺼리고 양질의 좋은 일자리로 쏠리는 현상이 두드러지면서, 수백 대 일의 취업 경쟁률을 기록하는 것쯤은 흔한 일이 되어버렸다. 특히 IMF 이후 공무원, 공공기관, 대기업 등 안정적인 일자리에 대한 선호도가 높아지면서 취업의 문은 더욱 좁아지고 있다. 설상가상으로 대기업들은 신규 채용의 규모를 줄이고 있으며, 그나마 있던 일자리들마저 해외로 이전되고 있다.

2019년 통계청의 자료에 따르면, 청년실업률은 9%대로 조사되었다. 구직희망자 10명 중에 9명은 취업을 한다는 말인데, 통계 숫자만 놓고 보면 나쁘지 않은 수치처럼 보인다. 하지만 그 내용을 들여다보면 완전히 다른 결과를 볼 수 있다. 이 수치에는 아르바이트, 임시직, 계약직, 인턴 등 불완전고용 형태의 노동자가 모두 포함되어 있고, 구직활동을 아예 포기한 사람은 통계 대상에서 빠져 있기 때문이다. 쉽게 말해 뺄 사람 다 빼고 취업 준비를 위해 편의점 알바 중인 취업 준비생은 9명 안에 포함된 것으로 집계된다. 이런 부분들을 고려하면, 실제 실업률은 20~30%대로 크게 상승한다. 즉 취업을 원하는 청년 10명 중에 2~3명은 자신이 원하는 직업은 고사하고, 아예 취업조차 못한다는 것이다.

중고 신입사원이 넘쳐난다고?

2020년 취업 포털사이트 '인크루트'가 직장인 567명을 대상으로 조사한 결과 응답자의 61%가 중고 신입으로 지원을 한 경험이 있다고 밝혔다. 이러한 수치를 반영하듯 취업 현장에서도 실제로 2~3년의 경력이 있으면서도 신입으로 지원하는 지원자들을 자주 보게 된다. 그리고 그 이유를 물으면, '직무 부적합' 때문이라는 답변이 대부분이다. 즉 주어진 일이 자신의 적성과 맞지 않아서라는 것이다. 반대로 입사지원 동기를 묻는 질문에는 해당 직무가 본인에게 잘 맞을 것 같아서 지원했다고 답한다. 하지만 면접관인 내 눈에는 그렇게 보이지 않는 경우가 많다.

직무의 적합성 때문에 지원을 했다면 과거에 해당 직무에 대한 관심이나 노력의 흔적이 보여야 하는데, 그러한 경험이 전혀 없이 어떻게 이 직무가 본인에게 적합하다고 말할 수 있겠는가? 실제로는 단지 이전 직장보다 좀 더 나은 환경, 높은 연봉, 기업의 인지도를 보고 이직하는 경우가 대부분이다. 반대로 이야기하면 이전 직장에서 이러한 부분이 만족스럽지 못했기 때문에 퇴사했을 수도 있다는 것이다.

이와 같은 직업 선택은 매우 잘못된 것이다. 왜냐하면 당신의 인생은 도박이나 게임이 아니기 때문이다. 그리고 '일단 급한 대로 이 회사에 들어가보고 마음에 들지 않으면 나오면 되지' 식의 생각으로 지원했다면, 그 회사도 결코 오래 다니지 못할 확률이 매우 높다.

"만약 입사 후 해당 업무가 자신의 적성과 맞지 않는다면, 다시 1~2년 내에 퇴사하실 생각인가요?"

"아닙니다. 해당 직무는 제가 그동안 관심 있게 생각했던 직무이고, 저와 잘 맞는다고 생각하기 때문에 직무가 맞지 않는다는 이유로 퇴사할 일은 없을 것입니다."

"그런데 과거의 경력 사항에서는 지원자께서 해당 직무에 적합하다는 것을 확인할 수가 없는데, 지원자는 해당 직무에 대해서 어떤 노력과 활동을 하셨나요?"

"예, 그건…… 유튜브를 통해서 다양한 동영상을 많이 시청했습니다."

어떤 결과가 나올지는 당신의 판단에 맡기겠다.

처음부터 직업 선택에 신중하지 못하면 악순환이 반복되고, 결국 그렇게 망가진 커리어 때문에 이후에 직업을 선택할 때도 영향을 받게 된다. 따라서 만약 해당 직무가 본인의 적성과 맞지 않아 퇴사를 결심했다면, 이직에 앞서 어느 정도의 기간을 두고 관심 있는 직무에 대한 다양한 준비 과정이 필요하다.

왜 지금 성인 진로교육이 필요한가?

그동안 우리는 대학 진학만을 목표로 쉴 새 없이 앞만 보며 달려왔다. 자신의 적성이나 흥미와는 무관한 전공을 선택하고, 대학 생활 내내 전공에 대한 고민을 하는 경우도 주위에서 쉽게 찾아볼 수 있다.

2019년 취업 포털 '사람인'이 조사한 바에 따르면 구직자 10명 중 4명 이상이 전공과 무관한 직무를 준비하고 있는 것으로 조사됐다. 그래서일까? 특수 직무를 제외하고는 공채 신입사원 지원자 중 대다수는 전공과 무관하게 지원하는 이들이다. 그들에게 왜 전공과 무관한 직무에 지원했는지 물어보면, '전공 분야가 아닌 일이 하고 싶어서'라는 답변이 가장 많다. 두 번째로는 '빨리 취업을 해야 해서'라는 답변이 뒤를 잇는다. 어쩌면 이 책을 읽고 있는 당신도 이미 대학을 졸업했거나 졸업을 앞두고 진로에 대한 고민이 많은 분일 가능성이 높을 것이다.

"이미 원하지 않는 전공을 선택했고 당장 취업을 해야 하는데, 그럼 어떻게 하란 말인가?"라고 반문한다면, 나는 그 질문에 대한 대답으로 "그렇기 때문에 지금이라도 진로교육이 필요하다"라고 말하고 싶다.

요즘은 '100세 시대'라고들 한다. 지금 당신의 나이가 20~30대라면, 최소한 앞으로 40년 넘게 직업을 가지고 경제활동을 하게 될 것이다. 그러므로 지금까지 한두 번의 실패가 있었더라도, 앞으로의 남은 긴 시간에 비추어 보면 큰 의미를 두지 않아도 된다.

오히려 첫 단추를 잘못 꿰면 결국 맨 마지막에 가서 다시 꿰야 한다. 지금 현실과 타협하거나 잘못된 선택인 줄 알면서도 어쩔 수 없어 망설이는 것보다는, 좀 더 긴 안목을 갖고 자신에게 맞는 진로를 처음부터 다시 설계하는 것이 어쩌면 앞으로의 인생을 살아가는 데 더 가치 있고 현명한 판단이 될 것이다.

이 세상 어디에도 직원을 위한 회사는 없다

오래전의 일이다. 내가 인사 팀의 과장이었을 때 한 후배 사원이 고민을 털어놓았다. "과장님, 저는 HRD(Human Resources Development) 전문가가 되고 싶은데, 우리 회사는 HRD가 너무 약해서 걱정이에요"라는 고민이었다.

나는 망설임 없이 그 후배에게 "그럼, 고민하지 말고 이직해"라고 조언했다. 무책임한 말처럼 들리겠지만, 장기적으로 그 후배 사원을 위해서는 어쩌면 그 방향이 더 맞을지 모르겠다고 생각했기 때문이다.

장기근속의 두 얼굴

사람을 채용하고 관리하는 일을 하면서 나 스스로 논리적 모순에 빠지는 순간이 있다. 바로 장기근속자를 대하는 태도에서이다. 대부분의 면접관은 경력자 채용 면접 과정에서 이직 횟수가 많은 지원자를 대할 때 우선 그 자체만으로도 긍정적인 평가를 하지 않는다. 뭔가 조직에 적응하지 못하는 성향이거나 조직원들과 마찰이 있어 퇴사를 하게 된 것은 아닌지, 회사에서 어떤 문제를 일으켜 퇴사한 것은 아닌지 생각하게 되고, "이직 횟수가 다소 많으시네요. 퇴직 사유는 무엇인가요?"라고 물으며 직무에 대한 질문보다는 그 부분에 무게를 두고 면접을 진행하게 된다.

그렇다면 한 회사에서 아주 오랫동안 근무한 경력자를 보면 면접관은 어떤 생각을 할까? 물론 사람에 따라 조금씩 생각이 다르겠지만, 내 경우는 다음 표와 같다. 물론 편견에서 비롯된 추측이다. 면접을 진행하는 과정에서 이러한 오해와 편견들은 대부분 해소된다.

| 장기근속자에 대한 오해와 편견 |

긍정적 생각	부정적 생각
· 우리 회사에서도 로열티를 갖고 오래 근무할 것이다. · 전 직장에 대한 많은 정보와 지식을 가지고 있을 것이다. · 끈기가 있을 것이다. · 동료와의 관계가 좋을 것이다.	· 새로운 조직에 잘 적응하지 못할 것이다. · 시장의 트렌드에 약할 것이다. · 인맥이 좁거나, 사회성이 떨어질 것이다.

세상은 이제 더 이상 숙련공을 원하지 않는다

이처럼 같은 상황에 대해서 해석이 나뉘는 이유는 무엇일까? 그 답은 변화된 직업 세계에서 찾을 수 있다. 과거에는 제조업을 바탕으로 산업이 양적으로 팽창했고, 그에 따른 일자리의 증가로 그 일을 해야 하는 숙련공이 필요했다. 아무리 기계화가 되었다고 해도 기계를 조작하는 일은 사람의 손으로 해야 했기 때문에, 숙련공 보유의 유무와 비중은 제품의 생산량과 제품의 품질에 직접적인 영향을 미치는 아주 중요한 요소였다. 그래서 나의 아버지는 내가 어렸을 때부터 "기술을 배워라. 기술자는 굶지는 않는다"라는 고전적인 말씀을 자주 하셨다.

하지만 2000년대에 들어서면서 전통적인 제조업은 점차 사양산업이 되었고, 최첨단 기술을 활용한 서비스 관련 일자리들이 폭발적으로 증가하고 있다. 숙련공의 손길이 필요했던 일이나 단순 반복적인 업무들은 어느새 최첨단 로봇이 대신하고 있으며, 로봇의 두뇌에 인공지능(AI)까지 심는 상황이 되고 있다. 또 블록체인, IOT, 클라우드 서비스 등 새로운 IT 기술이 등장하면서 그에 따른 개발자와 IT 엔지니어의 수요는 크게 증가하였다. 이러한 시장 환경에서는 오랜 경험을 갖춘 숙련공보다 새로운 기술을 빠르게 습득하고 활용할 수 있는 인재가 더욱 인정을 받는다.

이런 상황에서 관리자가 되지 못하고 근속기간이 긴 고액 연봉자들은 더 이상 환영받지 못하는 신세가 되었고, 기업들은 명예퇴직이라는 이름으로 앞다투어 그들을 퇴출시키기 시작했다. 정부에서는 궁여지책으로 임금피크제 등을 서둘러 도입하고 있지만, 확실한 대안이 되지 못하고 있다.

이쯤 되면 "그럼 회사를 오래 다니란 말인가? 아니면 짧게 다니란 말인가?" 하는 질문을 하고 싶을 것이다. 그에 대한 답은 회사를 얼마만큼 다니느냐가 중요한 것이 아니라, 끊임없이 자신의 역량을 키우고 고도화하는 방법밖에는 없다는 것이다. 젊은 신입사원들과의 업무 경쟁에서 살아남기 위해서는 말이다.

끊임없이 스스로를 업그레이드하라

현대인이라면 모두가 들고 다니는 스마트폰은 매년 엄청난 사양으로 업그레이드되어 출시된다. 카메라의 해상도가 1000만 화소라는 광고를 본 것이 불과 몇 년 전인 것 같은데, 지금은 1억만 화소가 넘는 스마트폰이 등장했다. 내가 들고 다니는 기계도 매년 새롭게 발전하는데, 정작 나 자신은 작년과 비교해 얼마나 성장했는지 스스로에게 질문을 던져보자. 끝없이 변화하고 발전해나가는 세상의 흐름과 속도에 맞춰 변화하고 발전하지 못한다면 당신은 이미 경쟁에서 도태되고 있는 것이다.

이제 평생직장의 개념은 사라진 지 오래이다. 더 이상 회사를 믿고 의지할 수 없다. 회사는 결코 당신을 보호해주지 않는다. 당신의 능력이 필요할 뿐이다. 이 세상 어디에도 직원을 위한 회사는 없다. 만약 당신이 평생직장을 간절히 원한다면, 현재로서는 공무원이 되는 길밖에는 달리 방법이 없다. 물론 공무원이라는 직업은 가치 있고 훌륭한 직업이다. 하지만 그 일이 정말 내가 하고 싶고, 내 적성에 맞는 일인지는 따져봐야 한다. 안정적인 직업을 갖기 위해서 평생 동안 자신의 적성과 흥미에 맞지 않는 일을 하면서 산다면 과연 얼마나 행복할 수 있을지 깊이 있는 고민이 필요하다. 인생은 누구에게나 단 한 번뿐이기 때문이다.

10년 전 나에게 진로에 대한 고민을 털어놓았던 그 후배 사원은 지금 우리나라 최고의 리조트 기업에서 HRD 담당자로 근무하고 있다. 이 후배의 다음 목표는 대면접촉을 최소화한 온라인교육 콘텐츠를 개발하고 서비스하는 회사를 창업하는 것이다.

만약 그때 현실과 타협하고 그냥 회사에 머물렀다면, 그는 지금까지 10년이 넘도록 원하지도 않는 똑같은 업무를 하고 있었을지도 모른다. 이처럼 앞으로의 시대에는 직장이라는 프레임에서 벗어나 직무의 관점에서 자신을 발전시켜나가는 것이 중요하다. 그러기 위해서는 진로계획이 더 이상 선택이 아닌 필수다.

세상은 계속 진화하고, 그와 함께 직업 세계도 빠르게 변화하고 있다. 진로계획을 통해 자신의 진로를 명확히 설계하고, 시대와 환경의 변화에 따라 스스로를 끊임없이 발전시켜나간다면, 지금보다 더 밝은 미래가 기다릴 것이다.

면접에 합격한
그다음은 어떻게 할 것인가?

산업화 시대를 거치면서 대한민국의 경제는 큰 성장을 이루었다. 이 과정에서 국민의 소득수준이 증가함에 따라 삶의 질도 크게 향상되었다. 사람들은 이제 단순히 돈을 벌기 위한 수단으로 직업을 선택하는 것이 아니라, 직업을 통해 자신의 가치를 실현하기를 원하고 있다.

사람들은 더 이상 회사를 위해서 일하지 않는다

평생직장의 개념이 사라지면서 같이 사라진 단어가 하나 있다. 바로 '충성도(Loyalty)'라는 단어다. 과거 산업화 사회에서는 기업에서도 군대식 상명하복의 문화가 뿌리 깊게 자리 잡고 있었다. 심지어 회사가 있기 때문에 나의 가족이 행복한 삶을 살고 있는 것이라는 주입식 기업교육의 결과로, 가정보다 회사를 더 중요하게 생각하는 아이러니한 현상이 벌어지기도 했다.

내가 신입사원이던 시절의 일이다. 기업문화 전문 강사로 꽤 유명한 어느 강사가 와서 특강을 한 적이 있다. 그 강사는 당시 모 대기업의 '품질 명장'이라는 타이틀을 가지고 있었는데, 그날도 공장 작업복 차림으로 강단에 올랐다. 복장에서부터 그랬지만 회사에 대한 애사심과 자부심이 대단하다는 것을 강의 내내 느낄 수 있었다.

그런데 그 강사의 강의 내용 중에, 매일 아침 식사 후에 회사의 로고가 새겨진 깃발을 보며 가족 모두가 기도를 한다는 이야기가 있었다. 놀라운 건 그 강사의 발언뿐만 아니라, 당시에 그 이야기를 들은 어느 누구도 그 이야기를 불편하게 느끼지 않았다는 점이다. 도리어 회사를 사랑하고 감사하는 그 강사의 자세를 배워야겠다는 반응이 더 많았다. 왜 기업의 대표들이 너도나도 고액의 강의료를 주면서까지 이 강사를 모셔오려고 했는지 뒤늦게 알 수 있었다.

이렇듯 과거에는 늦은 시간까지 회사에 남아 야근을 하고, 새벽까지 상사와 술잔을 기울일 줄 아는 등 개인적인 사생활을 거의 포기하고 회사 일에만 매진하는 충직한 직원이 일을 잘하는 직원이라는 인식이 강했다. 그리고 이러한 직장문화는 급기야 OECD 회원국 중 멕시코에 이어 두 번째로 노동 강도가 높은 국가라는 불명예를 대한민국에게 안겨주었다.

하지만 시대의 거대한 흐름은 막을 수 없는 법. 주 5일제 근무의 도입과 함께 주 52시간 근로제의 정착과 '워라밸(Work-Life Balance)', 즉 일과 삶의 균형을 강조하는 조직문화가 점차 확산되고 있다. 이제는 밤늦게까지 사무실에 불이 켜져 있는 회사가 점점 줄어들고 있다고 해야 할 것이다. 이러한 경향이 기업에 미치는 경영 성과에 대해서는 좀 더 지켜봐야 하겠지만, 이미 서구의 사례나 통계를 통해 야근과 기업 성과는 크게 연관성이 없다는 것이 드러나고 있다.

결국 앞으로의 직업은 기업에 종속되어 기업을 위해 일하는 노동활동이라는 기존 개념에서 벗어나, 직원 개개인의 자신의 가치를 실현하고 더불어 기업도 함께 성장하는 구조로 변화할 것이다.

내 삶의 행복이 가장 우선시되어야 한다

지구상에서 행복해지고 싶지 않은 사람은 단 한 사람도 없을 것이다. 행복하기 위해서 결혼도 하고, 행복하기 위해서 운동도 하며, 행복하기 위해서 봉사활동도 하는 것이다. 이기적인 자세로 자신의 행복을 추구하는 사람뿐만 아니라 이타적인 사람도 결국은 그 행위를 통해 자신이 행복해지고 싶은 욕구가 있기 때문이다.

직업을 선택하는 과정에서 있어서도 가장 중요한 궁극적 가치는 바로 행복 추구가 되어야 한다. 그렇기 때문에 그 직업이 나의 삶에 행복을 가져다줄 수 있는 직업인지 아닌지를 판단하는 것은 인생을 살아가는 데 있어 무엇보다 중요한 일이다.

하지만 1인당 국민소득이 3만 달러를 넘어섰고, 여가를 즐길 시간도 과거에 비해 많이 늘어났는데도, 아직 많은 사람들이 자신의 직업에 대해서는 만족하지 못한다. 일반 직장인을 기준으로 하루 근로시간을 8시간으로 볼 때 주당 근로시간은 주 40시간이며, 연장근무를 고려할 경우 최대 주 52시간을 근무한다. 즉 우리는 잠자는 시간을 제외하고 인생의 절반 이상을 자신의 일터에서 살아간다. 그렇기 때문에 일터에서 보내는 시간이 불만족스럽다면 아무리 다른 삶이 행복할지라도 그 사람의 인생은 반쪽만 행복한 것이다.

2019년 중앙일보와 블라인드 앱이 조사한 바에 따르면 대한민국 직장인들의 직무만족도는 100점 만점에 53.9점을 기록했고, 직장에 대한 만족도는 그보다 더 낮은 42.7점이었다. 일 자체에 만족하지 못하는데, 직장에 만족하지 못하는 것은 어쩌면 당연한 결과일지 모른다. 이러한 결과는 결국 잦은 직무의 전환 및 이직으로 이어지고, 결국 커리어에 부정적인 영향을 미치게 된다.

나의 가치를 실현할 직업을 선택하라

이러한 안타까운 상황이 발생하지 않도록 하기 위해서는 직업을 선택하는 데 더욱 신중해야 한다. 또한 선택에 앞서 먼저 자기이해(Self-understanding)가 필요하다. 자신이 무엇을 좋아하고 잘할 수 있는지, 그리고 추구하는 가치는 무엇인지에 대해서 먼저 이해하는 것이 중요하다.

통합적 진로발달이론을 구축한 도널드 슈퍼(D. Super) 교수는 청년기에는 자신의 흥미와 욕구, 능력 등을 포함하는 자아상과 정체감에 일치하는 직업을 선택해야 한다고 이야기한다. 하지만 안타깝게도 대한민국의 많은 청년들은 가장 중요한 이 부분을 가볍게 생각하는 경향이 크다. 면접 과정에서 만난 한 지원자는 지원동기를 묻는 질문에 이전 직장보다 연봉을 높이기 위해서라고 당당하게 대답했다. 다른 지원자는 4년간의 전공이 아까워서 어쩔 수 없이 해당 직무에 지원하게 되었다고 답하기도 했다.

물론 이러한 대답을 한다고 해서 면접에서 불합격되는 것은 아니다. 어떻게 보면 솔직한 답변일 수도 있다. 문제는 합격 여부가 아니라, 합격이 된다 하더라도 그다음은 어떻게 할 것인가이다.

결국 위의 설문조사에서처럼 입사한 지 얼마 되지 않은 회사에서 만족하지 못하고 직업과 직무에 대해 고민하게 되고, 오래 다니지 못하고 퇴사하게 될 가능성이 매우 높다. 그렇기 때문에 면접관들은 신입사원 면접 과정에서 특히 이 부분에 중점을 두는 경우가 많다.

만약 당신이 지금 직업을 찾고 있는 중이라면 자신이 무엇을 좋아하고 잘할 수 있는지, 그리고 소중하게 생각하는 가치는 무엇인지 등 먼저 자기이해 과정을 가진 후 자신에게 적합한 직업을 선택하고 발전시켜나가는 것이 바람직하다. 또 이러한 과정을 거친 지원자들이 면접 과정에서도 좋은 점수를 받게 될 가능성이 높다. 그 방법에 대해서는 뒤에서 좀 더 자세하게 설명하도록 하겠다.

카카오뱅크 직원은 은행원일까, IT기업 직원일까?

세상은 빠르게 변하고 있다

사회가 발전하면 직업의 종류도 그만큼 증가하게 된다. 예를 들어 예전에는 치킨을 배달해서 먹으려면 먼저 치킨 가게에 직접 전화를 걸어 내가 먹고 싶은 메뉴를 주문하고 배달할 주소와 결제방식을 알려주어야 했다. 그러면 치킨 가게에서는 주문한 치킨을 튀겨서 가게의 배달사원(혹은 주인)을 통해 집까지 배달해주곤 했다. 배달을 시키는 데도 카드 결제가 가능하다는 가게 주인의 말에 신기해했던 기억이 얼마 전의 일처럼 생생하다.

지금은 어떨까? 치킨을 먹기 위해서는 스마트폰 앱(애플리케이션)을 실행하고, 원하는 가게와 메뉴를 선택한 후에 주문과 함께 결제를 하면 된다. 이미 주문할 때 모바일로 결제를 했기 때문에 별도의 계산 없이 전문 배달업체에 소속된 배달사원이 전해주는 치킨을 받아 맛있게 먹으면 된다.

예전이나 지금이나 치킨을 시켜 먹는 것은 똑같지만, 이 과정에서 새로운 직업이 탄생했다. 바로 배달 앱 서비스이다. 요즘은 이런 서비스를 통해서 더욱 편리하게 배달음식을 시켜 먹을 수 있게 되었다. 물론 이 과정에서 서비스의 대가로 과거에는 지불하지 않았던 배달료를 추가로 지급해야 한다.

또 다른 예를 살펴보자. 내가 어린 시절만 해도 강아지는 충직하게 집을 지키는 애완동물로 인식되었고, 주로 집 밖에서 키우는 경우가 많았다. 그런데 언제부터인가 강아지가 집 안으로 들어오게 되었고, 지금은 당당히 가족의 한 구성원이 되었다. 또 이 과정에서 단순히 애견용품을 팔던 애견숍뿐만 아니라 강아지 유치원, 강아지 호텔 등 관련 산업도 놀라울 정도로 큰 성장을 이루고 있다. 만약 10년 전에 누군가가 강아지 유치원을 차린다고 했다면, 아마 다들 속으로 정신 나간 사람이라고 생각했을 것이다. 하지만 이 시장은 앞으로 더욱 성장할 것으로 전망된다.

직업의 세계는 진화를 거듭하고 있다

이런 새로운 직업들은 과거에는 존재하지 않았거나, 존재했더라도 대중에게 잘 알려지지 않은 것들이었다. 하지만 이러한 직업들이 제공하는 서비스가 삶의 큰 부분을 차지하게 되면서, 우리는 그 편리함에 익숙해져가고 있다. 새롭게 등장한 직업들은 전파속도가 매우 빠를 뿐만 아니라 관련된 고용시장이 새롭게 창출된다는 특징이 있다.

위에 언급한 배달 앱 서비스의 경우, 배달을 전담으로 하는 새로운 개념의 전문 배달업체가 등장하여 함께 성장하고 있다. 그뿐만 아니라 고객 마케팅과 결제 시스템을 더욱 빠르고 편리하게 하기 위해서 핀테크(Fin Tech) 개발자, 인공지능(AI) 개발자, 데이터베이스 관리자(DBA)에 대한 수요도 빠르게 증가하고 있다. 또 수요가 증가하는 만큼 직무가치나 연봉 수준도 크게 높아지고 있는 추세다.

한편 과거에 있던 전통적인 직업들이 기술의 발달로 일하는 방식이 완전히 바뀐 경우도 있다.

예를 들어 은행원이라는 직업을 생각해보자. 전통적인 개념의 은행원은 깔끔한 정장을 입고 창구에서 일하는 모습이었다. 하지만 지금은 어떤가? 모바일 전문 은행 카카오뱅크는 오프라인 창구가 존재하지 않는다. 그럼 카카오뱅크에서 일하는 직원들은 은행원일까, 아니면 IT 기업의 직원일까? 은행원의 정의는 무엇일까?

이번에는 경찰관을 생각해보자. 우리가 아는 전통적인 개념의 경찰관은 경찰서나 파출소에서 근무하며 범죄자들을 검거하거나 교통질서를 유지하는 일을 해왔다. 하지만 지금은 온라인상에서의 범죄가 증가하면서 사이버수사대에서 컴퓨터를 통해 범죄를 적발하고 예방하는 업무를 담당하는 경찰관의 수가 늘고 있다. 그러면 이들은 사격훈련을 받아야 하는가, 아니면 사격훈련 대신 코딩교육을 받아야 하는가? 과연 경찰의 정의는 무엇인가?

이처럼 직업 세계는 빠른 속도로 진화하고 있다. 직업에 대한 과거의 통념은 무너지고 있으며, 앞으로 이러한 현상은 더욱 가속화될 것이다. 또 지금은 유망한 직업들도 머지않아 사라지거나 그 모습이 완전히 새롭게 변화할지도 모른다. 그러므로 우리는 현재의 시각에서 직업을 바라볼 것이 아니라 긴 안목을 갖고 미래 직업 세계의 변화에 초점을 맞춰야 한다.

4차 산업혁명 시대의 개막

과거 1, 2차 산업이 국가기반산업이었던 대한민국은 국가의 경제규모가 커지고, 더불어 국민의 소득수준이 향상되면서 3차 산업이 주도하는 사회로 빠르게 진입하였다. 1960년대에는 3차 산업 종사자의 비중이 12%에 불과했으나, 2000년대에 들어 80% 이상으로 증가한 것을 보면 대한민국의 산업구조를 짐작할 수 있다. 이전보다 비중이 줄어든 1, 2차 산업은 대부분 해외의 개발도상국가로 그 역할이 옮겨갔다. 우리나라가 1960~1970년대에 그랬던 것처럼 말이다. 그리고 이 추세대로라면 3차 산업 종사자의 비중은 앞으로도 더욱 증가할 것이다.

이렇게 대부분의 일자리들이 3차 산업군 내에 포함되어 있다 보니, 상세히 구분할 필요성이 생기게 되었다. 그래서 기존의 3차 산

| 산업의 분류 |

1차 산업	2차 산업	3차 산업	4차 산업
농업, 목축업, 임업, 어업	제조업, 건설업	상업, 금융, 교육	지식 기반 IT 서비스 산업

업군 내에서 지식 기반의 IT 서비스 산업을 4차 산업으로 분리하고, 4차 산업의 발전이 가속화될 이후의 사회를 가리켜 4차 산업혁명 시대라고 부르게 되었다. 또한 앞으로는 4차 산업혁명 시대를 주도할 고도화된 혁신 IT 기술을 활용할 수 있는 인력에 대한 수요가 크게 증가할 것이다.

직업 세계의 지각변동이 시작되었다

그렇다면 앞으로 4차 산업혁명 시대를 맞이하는 우리는 어떤 준비를 해야 할까? 그 답은 과거에서 쉽게 찾을 수 있다. 1, 2차 산업의 수많은 일자리들이 빠르게 3차 산업으로 이동했던 것처럼, 앞으로의 노동시장 또한 3차 산업에서 4차 산업으로 빠르게 이동할 것이라는 주장이 전문가들의 공통된 의견이다.

3차 산업을 대표하는 산업 중 배송·운송업을 예로 들어보자. 최근 온라인·모바일 쇼핑 시장이 성장하면서 배송업도 크게 성장하고 있다. 국내 최대 이커머스 기업인 쿠팡의 경우 전문 택배 사원인 쿠팡맨(현재는 '쿠팡친구'로 명칭이 바뀜)의 직접 고용을 통한 당일 로켓배송 서비스를 시행하고 있으며, 신선식품 전문 배달업체인 마켓컬리는 당일 주문을 하면 다음 날 새벽에 집 앞까지 배송해주는 서비스를 시행하고 있다. 배달 앱 서비스를 제공하고 있는 배달의 민족은 배민라이더라는 새로운 형태의 고용 방식을 도입하여 '내가 원할 때 일하고 싶은 만큼'이라는 캐치프레이즈를 내세우며 공격적으로 배달 종사원을 모집하고 있다.

하지만 이러한 배송산업은 조만간 큰 변화와 도전에 직면할 가능성이 높다. 배달 종사원들의 역할 중 상당 부분이 드론과 로봇에 의해 대체될 것으로 예상되기 때문이다.

정부도 드론 운송업에 발 빠르게 대응하고 있다. 기업들과 협력하여 섬이나 산간 오지 지역 주민들에게 드론을 통한 물품 배달 서비스를 시범적으로 운영하고 있으며, 'K-드론 프로젝트'를 발표하고 2025년까지 드론 택시 상용화 사업을 위한 전담조직을 출범시키기도 했다. 앞으로도 드론 산업은 계속 성장을 이어나갈 것으로 예상되며, 그에 따라 드론 엔지니어, 드론 프로그래머, 드론 조종사, 드론 촬영기사 등 무수히 많은 관련 직업들이 생겨날 것으로 기대된다.

우리는 시대적 변화의 문턱에 서 있다. 어쩌면 이미 새로운 시대에 들어와 있는지도 모른다. 지금은 의사, 변호사, 교사, 공무원, 대기업 사원이 인정받고 선호도가 높은 직업이지만, 앞으로 다가올 4차 산업혁명 시대에는 전혀 다른 양상이 펼쳐질 것이다. 지금도 블록체인 개발자, AI 개발자, 데이터베이스 엔지니어의 경우 국내에서 억대가 넘는 고액연봉을 받는 사람들이 상당수 있다. 2019년 매경이코노미의 자료에 따르면 미국 실리콘밸리에 위치한 구글과 페이스북에 근무하는 대졸 신입 엔지니어의 초봉이 연 15만 달러(약 1억 7,782만 원)을 넘는 것으로 조사됐다.

앞으로는 IT 관련 직업을 선택하는 것이 정답이라는 이야기를 하려는 것이 아니다. 시대에 따라 직업의 가치도 변화한다는 점을 말하고 싶다. 따라서 현재의 직업 세계만을 바라보기보다는 미래를 예측하고, 변화될 직업 세계를 탐색한다면 더 많은 기회를 얻을 수 있을 것이다.

SKY 중도 탈락자가 해마다 천 명이 넘는다고?

대한민국의 많은 성인들은 저마다 진로에 대한 크고 작은 고민을 하면서 살고 있다. 인사면담 과정이나 취업상담 과정에서 마주하는 이들을 보면 대다수가 직업 선택이나 취업에 대한 고민, 경력단절에 대한 두려움과 재취업에 대한 불안, 은퇴 후의 삶과 창업에 대한 불확실성 등 진로와 관련된 수많은 고민을 하고 있다.

안타까운 것은 그런데도 다들 고민만 할 뿐 그 고민을 해결하기 위한 노력이나 실천은 하지 않는 경우가 대부분이라는 것이다. 웃픈 현실이지만 나와 면담했던 어떤 사람은 매주 로또복권을 구입하는 것이 자신이 미래를 대비하는 유일한 실천 방법이라고 말했다. 그는 매주 가족과 캠핑을 가고, 저녁에 친구들을 만나 술자리를 갖는 지금이 행복하다고 이야기했다.

이 세상 어느 누구도 당신의 미래를 대신 살아주거나 책임져주지 않는다. 이솝우화에 등장하는 개미와 베짱이의 이야기처럼, 지금부터라도 미래의 진로에 대한 계획을 세우지 않는다면, 멀지 않은 미래에 그에 대한 대가를 혹독하게 치러야 할지도 모른다.

선택의 기로에서 어떤 선택을 하고 있는가?

진로에 대한 고민 없이 학교생활을 하다가 잠깐이나마 고민을 하게 되는 순간이 있다. 바로 고등학교 진학을 앞두고 인문계/실업계를 선택하는 순간과 인문계 입학 후 문과/이과를 선택해야 하는 순간이다. 이 시기에는 미래의 진로와 어떤 인생을 살아갈지에 대해서 막연하게나마 고민을 하게 된다. 하지만 이마저도 공부가 하고 싶지 않아서, 또는 수학을 잘 못해서와 같이 진지한 고민에서 내린 결정이라기보다는 그때의 성적이나 주변 환경에 따라 진로를 선택하는 경우가 대부분이다. 부모의 말을 잘 듣지 않던 아이들이 "모든 걸 성적이 해결해줄 거야"라는 멘토링에는 왜들 그렇게 말을 잘 듣는지 모르겠다.

그다음 진로 선택의 순간은 바로 입학원서를 작성하는 순간이다. 이때에도 '나는 무엇에 관심이 많지? 무엇을 잘할 수 있지? 미래에는 어떤 직업이 비전이 있지?'라는 생각보다 '내 성적에 갈 수 있는 학교와 학과는 어디일까?'를 생각하며 결정하는 것이 현실이다.

이때도 부모의 멘토링이 등장한다. "나중에 전과를 해도 되니까, 학과는 보지 말고 무조건 좋은 대학에 들어가야지."

그 결과 소위 SKY라고 이야기하는 서울대, 연대, 고대의 중도 탈락자 수는 매년 1천 명을 넘는 수준이다. 2019년에는 1,340명이 졸업을 하지 못하고 중도에 탈락하기도 했다. 진로와 적성, 목표 대학 및 학과 수준이 맞지 않다는 것이 가장 큰 이유였다.

이러한 수차례의 시행착오에도 불구하고 이들은 취업을 앞두고 또 다시 진로 선택을 고민한다. 그리고 다시 뻔한 조언을 듣게 된다.

"그래도 대기업을 가야지. 아니면 공무원이 안정적이야. 엄마 친구 딸은 선생님이 됐다고 하더라."

그 결과 2020년 기준 청년실업률은 10%가 넘고, 실업자 수는 42만 명을 넘어섰다. 취업 준비를 위해 임시로 아르바이트를 하고 있는 청년들까지 포함하면 그 숫자는 배 가까이 늘어나게 된다.

한편 운 좋게도 기업에 입사한 청년들이 회사를 열심히 잘 다니고 있는지도 궁금하다. 2018년 취업포털 '사람인'의 설문조사에 따르면 신입사원의 평균 근속연수는 2.8년으로 조사되었다.

청년들은 지금 어떤 고민을 하고 있는가?

이처럼 우리는 매 순간순간마다 진로에 대해 고민하고, 선택하고, 또 후회하고 있다. 하지만 고민만 할 뿐, 다시 진로에 대한 선택의 순간이 오면 망설임 없이 이전과 같은 선택을 한다.

지원자들의 이력서를 검토하다 보면 3년 정도의 짧은 경력기간 동안 여러 번 회사를 이직한 후보자들의 이력서를 심심치 않게 볼 수 있다. 1년에 1번씩 회사를 이직하는 이들도 수두룩하다. 하지만 이러한 짧은 경력도 초년생 시절 가질 수 있는 몇 번의 기회이지, 경력이 6~7년을 넘어 중간 관리자의 위치가 되면 구직에 매우 큰 불이익을 받게 된다. 결국 취업이 잘 되지 않아 취업시장을 떠나거나, 과거보다 못한 조건으로 재취업하게 되는 경우도 자주 발생한다.

얼마 전 만났던 경력 15년가량의 40대 중반의 지원자는 그동안 6차례의 이직 경험이 있는 후보자였다. 그는 이번 회사를 직장인으로서의 마지막 경력으로 생각하고 열심히 일하겠다는 각오와 의지를 면접 과정 내내 어필하였다.

나는 지원자에게 이렇게 질문했다. "평균적으로 보면 2.5년마다 이직을 하셨는데, 저희 회사에 입사하시더라도 3년 이상 다닐 수 있을지 의문입니다. 직장인으로서의 경력은 저희 회사를 마지막으로 생각한다고 하셨는데, 만약 3~5년 후에 직장을 그만두신다면 어떤 계획이 있으신가요?"

그 후보자는 아무런 대답을 하지 못했다.

내가 볼 때는 이 지원자에게 특히 문제가 있다기보다는 대부분의 많은 직장인들이 직장생활 이후의 삶에 대해서 아무런 계획이 없으면서, 미래에 대해서는 막연한 기대를 하고 있지 않나 싶다. 예전에 함께 일했던 한 동료는 회사를 그만두면 한적한 곳에 전원주택을 짓고 캠핑카를 사서 여행을 즐기겠다는 나름의 바람을 입버릇처럼 이야기하곤 했다. 안타까운 것은 그 목표 외에는 아무런 계획도, 준비도 없다는 점이었다. 몇 살에 퇴직을 할 것인지, 노후에는 어떤 자금으로 생활할 것인지, 캠핑카를 구입할 자금은 어떻게 마련할지 구체적인 계획이 조금도 없었던 것이다.

이제는 스스로 결정할 차례다

이 책을 읽고 있는 당신이 누구이든, 과거에 어떤 결정을 해왔든 그건 중요하지 않다. 이제는 과거의 당신이 해왔던 선택의 방법을 버리고, 타인과 사회의 편견에서 벗어나 오로지 자신만을 바라보고 진정으로 자신이 원하는 것, 그리고 잘할 수 있는 것이 무엇인지부터 고민한 후에 진로에 대한 계획을 수립해야 한다.

세상은 빠른 속도로 변화하고 있으며 앞으로의 사회는 좋은 대학, 남들이 인정하는 좋은 일자리가 모든 것을 다 보장하거나 해결해주지 못한다. 이제는 좋은 대학을 나와도 원하는 일자리를 얻기가 어려우며, 대기업의 일자리도 하루아침에 구조조정으로 실업자 신세가 될 수 있는 시대이기 때문이다.

어쩌면 당신도 이미 그 사실을 깨달았을지 모르겠다. 이미 스스로가 답을 알고 있으면서도 실천하지 못하고 어리석은 실수를 범한다면, 당신의 한 번뿐인 인생은 결코 행복할 수 없다.

나는 늦었다고 생각할 때가 가장 빠른 때라는 말을 좋아한다. 늦었다고 포기하면 아무것도 이룰 수 없다. 왜냐하면 깨달음은 언제나 나중에 찾아오기 때문이다.

그러면 올바른 진로 계획을 위해서는 지금부터 어떤 준비를 해야 할까?

1단계: 자아 탐색

지금까지 우리는 자신에 대해서 제대로 생각해본 적이 없다. 내가 무엇을 좋아하고, 무엇을 잘할 수 있는지, 그리고 추구하는 삶의 가치가 무엇인지를 먼저 이해하는 것이 진로 설계의 시작이다.

2단계: 비전 설계

많은 사람들은 행복하게 살길 바라지만 정작 어떻게 행복한 삶을 살지에 대해서는 계획이 없다. 행복한 삶을 살기 위해서 무엇을 해야 할지에 대한 명확한 목표를 설정해야 한다.

3단계: 직업 탐색

세상에는 너무나 다양하고 많은 직업이 있다. 하지만 정작 우리가 알고 있는 직업은 불과 몇십 가지에 불과하다. 그렇기 때문에 적성과 무관한 직업을 선택하고 평생 행복하지 못한 생활을 하는 경우도 많다. 따라서 직업 탐색을 통해 그동안 알지 못했던 다양한 직업 세계를 탐구하고, 나에게 맞는 직업을 선택해야 한다.

4단계: 진로 개발

우리가 살고 있는 세상은 빠른 속도로 변화하고 있다. 이 과정에서 사라진 직업과 새로 생긴 직업이 셀 수 없이 많다. 자신에게 맞는 직업을 선택했다고 해서 현실에 안주한다면 치열한 경쟁에서 밀려나 결국 직업 세계에서 도태될 수밖에 없다. 사회가 변화하는 흐름을 정확히 파악하고 자신의 진로를 계속 발전시켜나가야 한다.

2장

내 안의 나를 찾아서

인류의 절반이
선생님, 운동선수, 과학자?

어린 시절 슈퍼맨이 되고 싶었던 나는 슈퍼맨처럼 하늘을 날 수 없다는 현실을 깨닫고 나서야 그 원대한 꿈을 포기할 수 있었다. 그 사실을 깨닫기까지 그리 오랜 시간이 걸리지는 않았다. 3m 높이의 담벼락에서 뛰어내리다 발목에 깁스를 하고 나서야 그 사실을 알게 되었다는 사실이 억울할 뿐이었다.

어린 시절 당신의 꿈은?

이번에는 당신의 꿈에 대한 이야기를 해보자. 당신은 어린 시절에 어떤 꿈이 있었는가? 잠시 책을 내려놓고 어린 시절의 꿈을 한번 떠올려보기 바란다.

그때의 꿈과 지금 당신의 모습에는 어떤 차이가 있는가? 당신은 어린 시절 간절히 원하던 꿈을 이루었는가? 아니면 꿈과는 정반대의 삶을 살고 있는가?

당신의 꿈이 무엇이었든, 그 꿈을 이룬 삶을 살고 있다면 축하의 박수를 보낸다. 물론 부도덕하거나 잘못된 꿈이 아니라면 말이다. 그리고 만일 어린 시절의 꿈을 이루지 못했다면 아직도 늦지 않았다고 격려와 위로의 박수를 보내고 싶다. 아직 당신의 꿈이 변하지 않고 그대로라면 말이다.

지금 당신의 꿈은 무엇인가? 어린 시절의 꿈과 같은 꿈인가? 아니면 그때와는 다른 꿈을 꾸고 있는가? 혹시 꿈이 없는 것은 아닌가?

취업 포털 '인크루트'가 자사 회원 801명을 대상으로 조사한 설문에 따르면 10명 중 8명은 '유년기 때의 꿈과 현재의 꿈 사이의 간극'을 실감한다고 답했다. 특정 집단을 대상으로 한 설문이기는 하지만 83.1%의 응답자가 유년기의 꿈과 현재의 꿈이 다르다고 답한 것이다.

응답자들이 어린 시절에 가지고 있던 꿈은 과학자, 의사, 가수, 디자이너의 순이었다. 그러면 성인이 된 지금은 어떤 꿈을 꾸고 있을까? 응답자들이 꼽은 현재의 꿈 1위는 잘 먹고 잘 사는 것, 2위는 돈 많은 건물주가 되는 것, 3위는 내 집을 마련하는 것이었다. 현실의 벽을 절실히 실감한, 경험에서의 응답이 아니었을까 싶다. 또한 아쉽게도 자신의 가치를 실현하고 싶다는 꿈은 극소수에 불과했다.

어떤 사람으로 살고 싶은가?

예나 지금이나 어른들은 아이들에게 꿈에 대한 질문을 할 때 어떤 사람이 되고 싶은지 묻지 않고, 무엇을 하는 사람이 되고 싶은지 묻는 경향이 있다. "너는 커서 뭐가 되고 싶니?"라고 말이다. 그렇다 보니 꿈이라고 하면 자연스럽게 직업을 떠올리게 된다. 위의 설문 결과에서도 유년 시절의 꿈은 과학자, 의사, 가수, 디자이너로 나타났다.

하지만 이 세상 모든 사람이 자신이 원하는 직업을 가질 수는 없다. 만약 어린 시절의 꿈이 모두 이루어진다면 지구상에는 어쩌면 10종류 정도의 직업만 존재하고 있을지도 모른다. 생각만 해도 끔찍하지 않은가? 인류의 절반이 선생님, 운동선수, 과학자라니 말이다.

우리는 어떤 직업을 가질 것인지 고민하기에 앞서 어떤 가치를 실현할 것인지를 먼저 생각해야 한다. 이미 어른이 된 지금도 마찬가지다. 내가 원하는 직업을 갖지 못했다고 해서, 아니면 원하는 직업이 없다고 해서 아무 직업이나 선택할 수는 없지 않은가?

우리는 스스로에게 끊임없이 "나는 어떤 사람으로 살고 싶은가?"라는 질문을 해야 한다. 즉 어떤 가치를 실현하는 삶을 살고 싶은지 질문하고, 그 답을 찾아야 한다.

직업의 가치

문학비평용어사전을 보면 가치란 "인간 행동에 영향을 주는 어떠한 바람직한 것, 또는 인간의 지적·감정적·의지적인 욕구를 만족시킬 수 있는 대상이나 그 대상의 성질을 의미한다"라고 설명하고 있다. 즉 쉽게 이야기하면 가치란 인간을 움직이게 하는 바람직한 욕구라는 것이다.

그런 의미에서 직업가치란 직업을 선택하기에 앞서 그 직업을 선택할 수 있도록 해주는 바람직한 욕구라고 할 수 있다. 여기에서는 직업가치를 진로 선택에 활용해보도록 하자.

교사라는 직업이 있다. 교사란 직업은 크게 보면 다음 2가지의 가치를 지니고 있다고 볼 수 있다.

- 가르침
- 해당 교과목(국어, 영어, 수학, 과학 등)의 가치에 대한 지적 호기심 또는 사명

그렇다면 이 가치에 부합하는 다른 직업에는 어떤 것들이 있을까? 대학교수, 또는 학원 강사도 여기에 해당할 것이다. 좀 더 확장해보면 학습지 교사, 방과 후 강사, 교재 제작자, 교육소프트웨어 개발자 등 다양한 직업군을 생각할 수 있다. 그러므로 단 하나의 직업에만 집중할 것이 아니라 자신이 추구하는 가치를 파악하고 그 가치에 부합하는 직업을 찾는다면, 보다 폭 넓게 진로를 선택할 기회를 얻을 수 있다.

지금까지 어린 시절의 꿈에 대한 이야기를 시작으로 직업가치에 관한 이야기를 해보았다. 어린 시절의 꿈이 경찰관이었다면, 그리고 아직 그 꿈을 포기하지 않았다면 경찰관이 왜 되고 싶었는지, 그리고 당신이 그 직업을 통해 이루고 싶었던 가치는 무엇이었는지 다시 한번 생각해보기 바란다. 더 많은 것들이 눈에 들어올 것이다.

직업가치 매트릭스로 내게 적합한 직업을 찾아라

이제 직업을 선택하는 과정에서 자신이 추구하는 가치를 먼저 이해하는 것이 중요하다는 것을 알았다. 결국 궁극적 가치란 개인이 일생 동안 성취하고자 하는 목표라고 할 수 있다. 바로 삶을 사는 이유나 목적과도 같은 의미다.

이 목표를 이루기 위해서 당신은 무엇인가를 할 것이고, 대부분의 사람들은 직업을 통해 그 목표를 실현하고자 한다. 즉 궁극적인 가치를 이루기 위해서는 또 다른 가치가 필요한데, 이것을 직업가치 또는 수단적 가치라고 할 수 있다.

궁극적 가치와 수단적 가치

그렇다면 우리가 추구해야 할 가치에는 어떤 것들이 있는지 좀 더 구체적으로 알아보자. 대표적인 조직행동론 학자인 사회심리학자 밀턴 로키치(Milton Rokeach)는 인간이 추구하는 가치를 크게 궁극적 가치와 수단적 가치로 구분하였다(Milton Rokeach, 1973).

궁극적 가치는 행복, 자유, 편안한 삶, 정의, 즐거움과 같이 절대적이며 훼손될 수 없고, 평가되지 않는 가치이다. 즉 삶의 목표이자 삶의 목적인 것이다. 반면 수단적 가치는 재산, 권력, 명예, 노력, 정직, 약속, 봉사, 직업 안정, 애국, 자율성처럼 궁극적 가치를 이루기 위한 수단이 되는 가치들이다.

예를 들어 우리가 왜 직업을 가져야 하는지 한번 생각해보자. 직업을 통해 돈을 벌기 위해서일 수도 있고, 누군가로부터 인정을 받기 위해서일 수도 있고, 자신의 가치를 실현하기 위해서일 수도 있다. 결국 돈, 인정, 가치 실현을 통해 우리가 궁극적으로 얻고 싶은 것은 행복해지고 싶은 욕구를 충족하는 것이다. 불행해지기 위해서 직업을 선택하고 일을 하는 사람은 없기 때문이다. 즉 직업 선택의 궁극적 가치는 행복해지기 위해서이고, 직업 선택은 행복을 이루기 위한 수단적 가치가 되는 것이다.

따라서 적합한 직업을 선택하기 위해서는 단순히 적성과 흥미라는 관점에서만 직업을 바라볼 것이 아니라, 수단적 가치로서의 직업 가치를 알아보는 것도 중요하다.

직업가치 매트릭스를 활용한 직업가치 찾기

취업상담을 진행하다 보면 구직자들이 가장 소홀하게 생각하는 부분이 바로 직업가치이다. 그래서 나는 상담 과정에서 직업가치에 대한 확인을 먼저 하는데, 이 과정을 거치고 나면 직업 선택에 좀 더 명확한 기준을 가질 수 있다는 장점이 있다.

그래서 이번에는 직업가치 매트릭스를 활용하여 당신의 직업가치를 먼저 찾아보도록 하자. 직업가치 매트릭스는 당신이 추구하는 직업가치를 좀 더 객관적으로 판단할 수 있도록 도움을 줄 것이다.

우선 아래의 수많은 가치들 중에서 당신이 생각할 때 가장 소중한 수단적 가치 7가지를 선정해보자. 다소 어렵게 느껴진다면 직업을 선택할 때 중요하게 생각하는 것이 무엇인지 생각해보면 조금 더 쉬울 것이다. 만약 표에 당신이 선호하는 가치가 없다면 임의로 작

| 가치 리스트 |

건강	겸손	균형	결단	개방	공정	끈기	도전
긍정	낭만	독립	모범	온화	리더십	명랑	논리
박력	배려	근면	사교	사랑	생명	설득	분석
성실	검소	순수	신뢰	애국	여유	열정	승부
아름다운	예술	완벽	유머	유연	윤리	의리	이해심
인정	자신감	전문성	전통	자주적	조화	품위	정직
용서	지혜	착함	창의	추진	친화	권위	물질적 풍요
탐구	자율	평화	헌신	호기심	희망	새로운	안전
지식	봉사	희생	자율	성과	존경	수평적	기타

성을 해도 무관하다.

가치를 선택했다면 직업가치 매트릭스 안에 선택한 7개의 단어를 가로와 세로에 같은 형태로 모두 적어보자. 여기에서는 쉽게 설명하기 위해서 사랑, 봉사, 애국, 자율성, 물질적 풍요, 권위, 안정 등 7가지의 가치를 임의로 선택했다.

| 가치 매트릭스 1 |

A	사랑							
B	봉사							
C	애국							
D	자율성							
E	물질적 풍요							
F	권위							
G	안정							
		사랑	봉사	애국	자율성	물질적 풍요	권위	안정
		a	b	c	d	e	f	g

위의 그림처럼 7가지 가치를 가로와 세로에 작성했다면 다음 페이지 상단 표처럼 세로줄 대문자 B의 ‘봉사’와 가로줄 소문자 a의 ‘사랑’ 중에서 당신이 더 가치가 있다고 생각하는 것을 대문자 B의 ‘봉사’와 가로줄 소문자 a의 ‘사랑’이 교차하는 칸에 적는다. 이해를 돕기 위해 임의로 ‘봉사‘라고 적어보겠다.

| 가치 매트릭스 2 |

A	사랑							
B	봉사	봉사						
C	애국							
D	자율성							
E	물질적 풍요							
F	권위							
G	안정							
		사랑	봉사	애국	자율성	물질적 풍요	권위	안정
		a	b	c	d	e	f	g

같은 방법으로 가로와 세로의 가치들을 하나하나 비교해가며 남은 빈칸을 모두 채운다.

| 가치 매트릭스 3 |

A	사랑							
B	봉사	봉사						
C	애국	애국						
D	자율성							
E	물질적 풍요							
F	권위							
G	안정							
		사랑	봉사	애국	자율성	물질적 풍요	권위	안정
		a	b	c	d	e	f	g

이렇게 가로줄과 세로줄의 모든 가치들을 하나씩 맞추어가며 선택된 단어를 기록한다.

| 가치 매트릭스 4 |

A	사랑							
B	봉사	봉사						
C	애국	애국	애국					
D	자율성	사랑	봉사	자율성				
E	물질적 풍요	사랑	봉사	애국	물질적 풍요			
F	권위	권위	봉사	애국	자율성	권위		
G	안정	안정	안정	안정	자율성	물질적 풍요	안정	
		사랑	봉사	애국	자율성	물질적 풍요	권위	안정
		a	b	c	d	e	f	g

결과: 사랑2, 봉사4, 애국4, 자율성3, 물질적 풍요2, 권위2, 안정4

이렇게 나온 가치의 선호 숫자 중에서 가장 숫자가 많이 나온 가치를 3가지 선정한다.

예를 통해서 작성된 직업가치 매트릭스에서는 봉사, 애국, 안정이라는 3가지 가치가 최종 선택되었다.

직업가치와 일치하는 직업 탐색

이제 마지막으로 이 3가지의 가치를 실현할 수 있는 직업을 선택한다. 3가지의 가치를 실현할 수 있는 직업에는 어떤 직업이 있는지 한번 생각해보자. 3가지를 모두 충족하는 직업이 있다면 좋겠지만, 2가지 이상의 가치를 충족하는 직업이라면 선택해도 좋다.

많은 직업이 있겠지만 봉사, 애국, 안정을 충족시켜줄 수 있는 직업으로는 공무원, 간호사, UN 난민기구 봉사자, 군인 등과 같은 직업을 떠올릴 수 있을 것이다. 그 직업이 자신과 맞는지 아닌지에 대해서는 뒤에 더 자세히 이야기하도록 하겠다.

직업가치를 찾는 또 다른 방법으로 워크넷(www.work.go.kr)의 직업진로>직업심리검사>성인용심리검사메뉴>성인용직업적성검사에 들어가면 좀 더 객관적이고 과학적인 검사를 무료로 이용해볼 수 있다.

지금까지 직업가치의 필요성과 직업가치 매트릭스를 통해 직업가치에 적합한 직업을 선택하는 방법에 대해서 알아보았다.

다만 직업가치는 본인이 추구하는 가치와 일치하는 직업에는 어떤 것이 있는지 알아보는 것이므로, 실제 직업을 선택할 때는 그 직업을 수행할 수 있는 역량, 적성과 흥미, 그리고 미래의 직업전망까지도 함께 고려해야 한다. 직업가치관 검사는 직업을 선택하기에 앞서 먼저 확인해야 하는 가장 기본적인 진로탐색도구로서, 좋은 기준이 될 것이다.

묘비명 작성으로 소망하는 삶 파악하기

삶에는 모든 이에게 공평한 것 2가지가 있다. 하나는 시간이고, 다른 하나는 죽음이다. 이 세상 모든 사람에게는 1초의 오차도 없는 하루 24시간이 똑같이 주어지며, 누구도 예외 없이 언젠가는 죽음을 마주하게 된다. 다만 주어진 24시간을 어떻게 활용할 것인가와 죽음을 마주하는 순간 어떤 삶을 살아왔는지는 모두가 다를 것이다. 그리고 죽음의 순간은 동일하지 않을 것이다.

언제 죽음이 찾아올지는 아무도 알 수 없어도 분명한 것은 언젠가는 그날이 찾아온다. 그런데도 우리는 그날이 멀다고 생각한다. 글을 쓰고 있는 나 역시 같은 생각을 하고 있다. 그래서일까? 우리는 아직 죽음을 마주할 준비가 되어 있지 않다. 오늘과 다르지 않은 내일을 살 것이고, 내일과 비슷한 미래가 기다리고 있을 것이라고 생각하며 하루를 살아간다.

죽음을 마주하는 우리의 자세

1842년 발표된 찰스 디킨스의 소설 《크리스마스 캐럴》의 이야기를 모르는 사람은 아마 없을 것이다. 지독한 구두쇠인 주인공 스크루지는 크리스마스 전날 밤 꿈속의 유령들과 함께 자신의 과거, 현재, 미래를 보게 된다. 특히 이 책의 4부 '미래의 크리스마스 유령'은 스크루지가 자신이 미래에 어떤 비참한 최후를 맞이할지 보게 된 후 큰 충격을 받고, 그동안 살아온 삶을 크게 뉘우치고 착한 사람으로 살게 되는 내용을 담고 있다. 잠시 그 부분의 이야기를 들여다보자.

> 몇몇 사람들이 모여 있는 곳에 유령과 스크루지 영감은 걸음을 멈추어 섰다. 사람들은 그곳에서 어느 한 사람의 죽음에 대한 이야기를 나누는 중이었다.
>
> "어차피 그에 대해서는 나도 잘 몰라요. 그냥 죽었다는 것만 알지요."
>
> "언제 죽었답니까?"
>
> "어젯밤이라고 하던데요."
>
> "그 많은 돈은 다 어떻게 했대?"
>
> 유령은 스크루지를 다른 사람들이 있는 곳으로 안내했다. 그곳에는 스크루지의 청소부와 세탁부, 장의사가 있었다. 그들은 스크루지의

집에서 돈이 될 만한 것을 훔쳤다며 자랑하고 있었다.

그는 문득 그 죽은 사람이 자신이 아닌지 겁이 났다.

"만일 이 도시에 이 남자의 죽음으로 어떤 감정이든 느끼는 사람이 있다면, 그 사람을 제게 보여주십시오, 유령님, 제발 부탁입니다."

유령은 한 남자와 여자가 이야기하는 곳으로 갔다. 그들은 그 사람의 죽음으로 인해 더욱 화기애애한 감정을 느끼고 있었다. 이 마을에서 그 남자의 죽음에 대한 감정은 오직 기쁨이 전부인 것이었다.

그리고 결국 스크루지는 자신의 묘비에 다다라서야 그 죽은 사람이 자신이었음을 알고 괴로워한다.

- 찰스 디킨스, 《크리스마스 캐럴》, 비룡소, 2003.

만약 당신이 내일 아침에 눈을 뜨지 못한 채 갑작스러운 죽음을 마주한다면, 당신과 관계된 모든 사람들이 당신의 죽음에 대해서 어떤 이야기를 할지 생각해보자. 가족, 친구, 직장동료, 누구라도 좋다. 슬퍼할지, 기뻐할지, 아무런 감정이 없을지. 슬프고 괴로운 상상이지만 한번 용기를 내어서 좀 더 다가가보자.

강연에서 이 주제를 다루다 보면 대부분의 사람들이 우울한 감정을 느끼곤 한다. 기업의 고위 간부를 대상으로 한 리더십 강의에서 한 간부는 통곡 수준에 가까운 눈물을 흘렸다. 가족을 포함하여 아무도 자신의 죽음에 대해서 슬퍼하지 않을 것이라는 생각이 들었다고 한다.

당신은 어떤가? 우울할 수도 있고, 행복하거나 뿌듯할 수도 있다.

그러나 무슨 생각이 들었든 그것은 중요하지 않다. 중요한 것은 지금 당신은 살아 있고, 아직 살아갈 날이 많이 남아 있다는 사실이다.

지금부터는 내가 과거에 어떤 사람이었는지 따위는 잊어버리고, 앞으로 어떤 사람으로 기억되고 싶은지만 생각하자. 앞으로 당신은 어떤 사람으로 기억되고 싶은가?

이 질문에 답을 찾기 위해 간단한 실습을 해보도록 하자.

나의 묘비명 작성하기

서양에서는 죽은 사람의 묘비에 그가 생전에 살아온 삶의 흔적을 짧은 글로 남겨 후세가 그를 오랫동안 기억할 수 있도록 하고 있다.

> 미국의 남북전쟁 중 북군을 지도하여 노예해방을 이루었던 미국의 제16대 대통령 에이브러햄 링컨(Abraham Lincoln, 1809~1865)의 묘비명에는 '국민의, 국민에 의한, 국민을 위한 정부는 영원할 것이다'라는 글이 적혀 있어 생전의 그가 이룬 업적을 기리고 있다. 또 미국의 발명가 토머스 에디슨(Thomas Alva Edison, 1847~1931)의 묘비명에는 이런 글귀가 적혀 있다. "상상력, 큰 희망, 굳은 의지는 우리를 성공으로 이끌 것이다."
>
> 묘비명만 보더라도 에디슨이 어떤 길을 걸어왔는지 쉽게 알 수 있다.
>
> - 박경남, 《묘비명》, 포럼, 2007.

당신은 죽음 후에 다른 사람들로부터 어떻게 기억되고 싶은가? 진로의 관점에서 묘비명을 작성해보자. 먼저, 앞서 찾은 직업가치를 어떤 직업을 통해서 이루고 싶은지 비전문을 작성해보자. 만약 당신이 추구하는 가치가 배움, 가르침, 봉사라는 3가지 가치 키워드로 정리되었다면 이 3가지의 가치가 잘 녹아들 수 있도록 작성하면 좋다. 하지만 반드시 3가지 키워드를 전부 반영해야 할 필요는 없고, 2가지 정도를 담아 작성해도 된다. 예를 들어 "미래를 걱정하는 성인들에게 바른 진로를 안내하는 성인 진로 코치"라고 적는 것이다. 이때 중요한 것은 어떤 일을 통해서인지를 명확히 적어야 한다는 것이다.

이렇게 자신의 비전을 수립했다면, 이번에는 묘비명을 적을 차례이다. 이 순간만큼은 진지해지길 바란다. 정말 당신의 미래가 될 수도 있기 때문이다. 또 당신의 죽음 후의 묘비명인 만큼 과거형으로 써야 한다.

비전문: 미래를 걱정하는 성인들에게 바른 진로를 안내하는 성인 진로 코치.

묘비명: 미래를 걱정하는 성인들에게 올바른 진로를 안내했던 진로 코칭 전문가 ○○○, 여기에 잠들다.

아쉽게도 내가 원하는 삶은 그냥 이루어지지 않는다. 누구에게나 공평하게 주어진 시간을 어떻게 활용하는지에 따라 묘비명의 문구 또한 결정된다. 지금 이 책을 읽고 있는 이 순간부터 당신이 원하는 삶을 이루기 위해 매진한다면 당신이 바라는 묘비명의 글씨는 더욱 선명해질 것이다.

행복한 성공을 위한 4가지 자세

당신은 성공이 무엇이라고 생각하는가? 대부분의 사람들은 남들이 부러워할 만한 수준의 경제적 풍요와 사회적 지위, 또는 명예를 가진 사람을 보면 성공했다고 말한다. 그래서일까? 사람들은 명문대를 졸업하고 대기업에 직장을 얻거나 사회적으로 인정받는 직업을 가지고 좋은 배우자와 결혼을 한 사람을 보면 부러워하거나 상대적 박탈감에 빠지곤 한다. 또 남들보다 경제적·사회적으로 더 높은 위치에 오르기 위해 끊임없이 경쟁하고, 그 과정에서 성취욕을 느끼거나 좌절을 맛보기도 한다. 하지만 과연 이러한 성공의 기준이 옳은 것인지에 대해서는 선뜻 인정하기 어렵다. 이번에는 성공의 진정한 의미와 어떤 성공을 이루는 것이 바람직한지 이야기해보자.

왜 사람들은 성공하고 싶어 할까?

얼마 전 초등학교 동창 모임에서 두 명의 친구를 만났다. A는 어렸을 때부터 그림을 참 잘 그리던 친구였다. 가끔씩 주변 친구들의 얼굴을 멋지게 그려서 선물로 주기도 했고, 그림 대회에 나가서도 많은 상을 받을 만큼 실력도 뛰어났다. 결국 대학에 가서도 미술을 전공하고, 졸업 후에는 작은 스타트업 게임 회사에서 원화가 겸 AD로 일하고 있다.

B는 어린 시절 곤충을 참 좋아했던 친구다. 그래서 친구들은《파브르 곤충기》의 저자인 앙리 파브르의 이름을 따서 B를 김파블이라는 별명으로 부르기도 했다. 그의 집에는 곤충채집으로 수집한 신기한 곤충들이 참 많았다. 집에 놀러 온 친구들에게 곤충을 선물로 주기도 했다. 하지만 그 친구는 경영학과에 입학했고, 이후 회계사 자격증을 취득해서 지금은 유명한 회계 법인에서 억대의 연봉을 받는 회계사로 근무하고 있다.

당신은 과연 이 두 사람 중 누가 더 '성공한 사람'이라고 생각하는가? 잠시 고민은 되겠지만, 대부분은 유명한 회계 법인에서 억대의 연봉을 받고 있는 회계사인 B가 더 성공한 사람이라고 답할 것이다. 그리고 그 이유는 그가 회계사라는 직업을 가져서가 아니라 회계사로서 받은 연봉의 가치를 높이 평가했기 때문이다.

그렇다면 이번에는 '성공'을 '행복'이라는 단어로 살짝 바꾸어서 다시 질문을 던져보겠다. 작은 스타트업 게임 회사에서 게임 원화가로 일하고 있는 친구와 유명한 회계 법인에서 억대의 연봉을 받고 있는 회계사 친구 중 어떤 사람이 더 행복한 삶을 살고 있다고 생각하는가?

답을 생각했다면, 이번에는 연봉 수준이 동일하다는 가정하에 다시 생각해보자. 당신이 만약 A라면 게임 원화가와 억대 연봉을 받는 회계사의 삶 중 어떤 삶을 선택할 것인가?

물론 정답은 없다. 여러분도 아마 처음 성공에 대한 질문에 답을 했던 것보다 많은 고민을 하게 될 것이다. 나는 성공과 행복이 얼핏 보기에는 같은 의미로도 해석될 수 있지만, 반드시 그런 것은 아니라는 점을 이야기하고 싶다. 성공했다고 해서 그 사람이 꼭 행복한 것도 아니고, 행복하다고 해서 성공한 삶을 살았다고 할 수도 없기 때문이다.

그 증거로 큰 성공을 이루기는 했지만 행복한 삶을 살고 있지 못하고 극단적인 선택을 하는 유명인들을 TV를 통해 가끔 볼 수 있다. 고급 차에 명품 가방을 들고 다니고, 대중들로부터 사랑과 관심을 받는다고 해서 그 사람이 반드시 행복할 것이라고 단정할 수는 없는 것이다.

반대로 본인이 원하는 것을 하며 사는 사람이 있다면, 행복할지는 모르지만 그의 삶이 반드시 성공한 삶이라고 말할 수는 없다. 단지 자신의 행복만을 추구하는 삶은 자칫하면 쾌락주의로 빠질 수도 있기 때문이다.

그렇다면 우리는 어떤 성공을 이루어야 하는 것일까? 그 답을 찾기 위해서는 '왜 성공을 하고 싶은가?'에 대한 답을 먼저 찾아야 한다. 당신은 '왜 성공을 하고 싶은가?' 돈을 벌기 위해서? 명성을 얻기 위해서? 그렇다면 왜 돈을 벌고 싶고, 명성을 얻고 싶은가? 다른 사람들로부터 인정을 받기 위해서? 그러면 왜 인정을 받고 싶은 것인가? 이러한 질문들을 던지다 보면 결국은 행복하기 위해서 성공하고자 한다는 것을 깨닫게 된다. 즉 본질은 행복에 있다.

행복한 성공을 이루는 삶

성공에는 반드시 비교 대상이 존재한다. 모든 일에는 성공과 실패라는 양면이 존재하기 때문이다. 문제는 그 비교 대상을 내 안에서 찾지 않고, 다른 사람과의 비교를 통해 성공과 실패를 판단한다는 것이다. 남보다 더 많이 가져야 하고, 남보다 더 많이 인정받아야 성공을 이룬 것이라고 생각한다.

하지만 진정한 성공은 다른 사람과의 경쟁에서 비교우위를 점하는 것이 아니다. 내가 하고 싶은 일을 통해 다른 사람들과 더불어 더 나은 세상을 만드는 데 기여하는 삶을 사는 것이 진정한 성공이라고 할 수 있다. 그리고 이러한 삶을 살고 있는 사람이야말로 행복한 성공을 이루어가고 있는 사람이다.

그렇다면 더 나은 세상을 만들기 위해서는 어떤 자세가 필요할까? 나는 다음과 같은 4가지가 필요하다고 생각한다.

첫째, 조급해하지 않기

우리는 언제부터인가 누군가를 이겨야만 성공할 수 있다는 생각을 공식처럼 가지고 있다. 그렇다 보니 상대방을 이겨야 한다는 강박에 사로잡혀 늘 불안하고 초조하다. 무언가 열심히 하지 않고 있으면 누군가가 나를 따라잡을 것 같고, 타인들에게 뒤처질 것처럼 생각한다. 만일 그런 생각으로 하루하루를 살아가고 있다면, 때로는 질 수도 있다고 생각해보자. 1등이 아닌 2등도 괜찮다고 생각해보자. 자신이 정한 목표를 달성한다면 설령 상대방에게 졌다 하더라도 당신은 이미 승자다. 올림픽 육상 종목에서 비록 메달을 따지 못하고 꼴찌를 했더라도, 자신의 최고기록을 갱신한다면 그 선수는 이미 행복한 성공을 이룬 것이 아닐까?

둘째, 선한 사람과 관계 형성하기

최근 당신이 주로 만나는 사람은 어떤 사람들인가? 10년 전에 만났던 사람들을 지금도 같은 밀접도를 유지하면서 만나고 있지는 않을 것이다. 만약 그런 삶을 살고 있다면 그 삶이 올바른 삶인지에 대해서 한 번쯤 생각해볼 필요가 있다. 어쩌면 당신의 인생에 정말 중요한 사람을 놓쳤을 수도 있기 때문이다.

우리는 살면서 만남과 헤어짐을 반복한다. 새로운 누군가를 만나기 위해서는 때로 누군가와 이별을 해야만 하는 경우도 있다. 이렇게 사람을 만나고 헤어지는 과정에서 세상에 선한 영향을 주지 못하는 사람을 만난다면 되도록 과감하게 지나치는 것도 필요하다.

물론 인생을 살면서 항상 좋은 사람들과 함께한다는 것은 쉽지 않은 일이다. 하지만 좋은 사람을 더 많이 만나기 위해서는 그렇지 않은 사람을 과감히 지울 수 있는 용기도 필요하다. 과거의 인연에 연연하지 말고 선한 영향을 주는 사람들과 새로운 인맥을 형성하는 데 주력하기 바란다.

셋째, 나의 소중한 가치 찾기

궁극적으로 내가 가장 소중하게 생각하는 가치는 무엇인지 생각해보자. 인생의 가치는 삶의 목적지와도 같기 때문에, 인생의 목적지가 없는 사람은 바다 한가운데 표류한 배처럼 정처 없이 떠돌며 방황하는 삶을 살게 된다. 그러므로 나의 궁극적인 가치와 그 가치를 이룰 수단적 가치에 대해서 진지한 고민의 시간이 필요하다. 누군가는 "이 바쁜 세상에 무슨 가치 타령을 하는가"라고 볼멘 소리를 할지도 모른다. 그러나 자신의 가치를 추구하고 실현하고자 노력하며 사는 사람과 그렇지 않은 사람 사이에는 결과뿐만 아니라 인생을 살아가는 과정에서도 큰 차이가 발생하게 된다.

넷째, 다른 사람과 함께 더불어 행복하기

우리가 존경하는 위인들은 자신을 위해서가 아니라 남을 위해서 헌신한 사람들이 대부분이다. 즉 다른 사람에게 도움이 되는 삶을 살아왔다. 물론 당신이 반드시 위인과 같은 삶을 살아야 한다는 말은 아니다. 그러나 다른 사람을 위한 희생과 헌신은 어렵다 해도, 적어도 다른 사람에게 선한 영향력을 전달하는 삶을 살길 바란다. 타인을 배려하는 삶, 타인과 나누는 삶은 결국은 자신의 행복을 위한 삶이기도 하다. 이 세상은 절대 혼자서 살아갈 수가 없기 때문이다.

결국 행복한 성공은 타인과의 경쟁을 통해 이루는 성공이 아닌, 나와 같은 가치를 지닌 사람들과 함께 나 자신과의 경쟁을 통해 이루는 성공이다. 이렇게 이룬 성공을 통해 세상에 조금이나마 기여할 수 있다면 그것이야말로 진정으로 행복한 성공이 아니겠는가? 지금부터라도 내가 이 세상에 기여할 수 있는 방법은 무엇일지 생각해보고, 나의 행복한 성공을 주변과 함께 나누도록 하자.

DISC 성격유형검사로 자신에 대해 정확히 이해하기

자신을 이해하는 방법 중 심리학에 근거한 과학적인 방법으로 성격유형검사를 들 수 있다. 대표적 성격유형검사 도구인 DISC를 통해 자신에 대해서 좀 더 자세히 알아보고, 성격유형별로 적합한 직업에는 어떤 것들이 있는지 알아보도록 하자.

남과 다른 나 이해하기

신입사원 오리엔테이션을 진행하다 보면 저마다 가지고 있는 기질이 각기 다르다는 것에 새삼 놀라움을 느낄 때가 있다. 언뜻 보면 그저 평범한 교육장의 모습이지만, 사람들의 행동을 세심하게 관찰해보면 그 안에는 각자의 규칙이 있고, 서로의 역할이 존재한다.

어떤 신입사원은 조장이 정해지지 않은 상황에서도 조장 역할을 하고, 어떤 신입사원은 평소에는 조용하게 있지만 토론을 하거나 발표자료를 만들 때면 자신의 의견을 적극적으로 전달한다. 또 어떤 신입사원은 계속해서 조원들에게 사탕이나 음료수를 가져다주며 분위를 이끌어가기도 한다. 마치 작은 연주회를 하듯 각자 자신의 강점을 발휘하며 교육과정에 임하는 모습이 참으로 흥미롭다.

그런데 정작 주도적인 역할을 하는 신입사원에게 "당신은 어떤 성격유형의 사람인가요?"라고 질문하면 의외로 자신에 대해서 잘 알지 못하는 경우가 많다. 사람들은 자신을 '외향적이다/내향적이다'와 같이 단순하게 소개하는 경우가 대부분이다.

이러한 모습은 면접장에서도 자주 발생한다. 한 지원자는 자기소개서에 자신을 외향적이며, 진취적이고, 도전적인 사람이라고 설명했다. 그래서 오랫동안 한 업무에 집중하기보다는 짧은 시간에 집중하여 성과를 발휘하는 효율성이 높은 인재라고 스스로를 소개했다. 하지만 그 사람이 지원한 부서의 업무는 서버 프로그래밍이었다. 서버 프로그래머라는 직업을 성격으로 단정하거나 규정할 수는 없겠지만, 오랜 시간을 두고 진득하게 프로그래밍을 하며 에러나 오류가 발생하지 않도록 꼼꼼하게 처리하는 역할을 수행해야 하기 때문에 업무의 성격만 놓고 봤을 때는 적합하지 않은 상황이었다.

자신에 대해서 정확히 이해하는 것과 그렇지 않은 것은 직업을 선택하는 과정에서 직접적인 영향을 미치게 되는 중요한 부분이다.

"적을 알고 나를 알면 백전백승"이라는 말이 있듯이, 자신을 정확하게 이해한 뒤에 직업을 선택한다면 자신에게 알맞은 직업을 선택하는 데 큰 도움이 될 것이다.

한편 "열 길 물속은 알아도 한 길 사람 속은 모른다"라는 옛 속담처럼, 사람의 마음을 아는 것은 그리 쉽지 않다. 회사나 조직 내에서는 협업을 하는 과정에서 상호 간에 오해가 생기기도 하고, 그 과정에서 크고 작은 갈등도 발생한다.

이러한 상황이 지속적으로 발생하면 조직의 비용으로 연결되고, 결국 해당 조직에 큰 손실이 발생하게 된다. 그래서 심리학자들은 사람의 마음을 꿰뚫어볼 수 있는 방법을 찾기 위해서 다양한 진단도구를 개발했다. 먼저는 DISC 성격유형검사를 통해 자신과 타인의 성격유형을 파악하고 진로를 설계할 때에도 활용해보자.

행동유형으로 나눈 4가지 성격

DISC 성격유형검사는 미국의 심리학자인 윌리엄 몰턴 마스턴(William Moulton Maston)의 연구 결과에 따라 미국의 교육기관에서 만들어낸 진단 도구다. 인간의 행동유형을 주도형(Dominance), 사교형(Influence), 안정형(Steadiness), 신중형(Conscientiousness)의 4가지로 분류하며 각각의 첫 글자를 따서 DISC라고 부른다.

부서별 워크숍에서 DISC 성격유형검사를 진행해 보면 유독 특정 행동 유형이 많이 나오곤 한다. 예를 들어 인사부서 워크숍에서 직원들을 대상으로 DISC 성격유형 검사를 해보면 사교형(I)이 다른 유형보다 상대적으로 많이 나타난다. 반면, 회계부서나 연구부서의 경우에는 신중형(C)이 다른 유형에 비해서 많이 나타난다.

직업의 특성 때문에 후천적으로 특정 유형의 결과가 나타나는 경우도 있겠지만, 대부분은 자신도 모르게 자신이 가지고 있는 본래의 성격유형에 따라 직업을 선택하는 경우가 많다. 즉 자신의 적성에 맞는 직업을 선택하게 된 것이다. 이렇게 자신의 성격유형과 일치하는 직업을 선택한 직원들은 성격유형과 반대되는 직업을 선택한 직원들에 비해서 해당에 다한 직무 만족도가 높을 뿐만 아니라, 직무에서 성과를 발휘할 가능성이 상대적으로 높다. 그렇기 때문에 자신의 성격유형이 어떤 유형인지를 미리 알고 성격유형과 적합한 직업을 선택한다면, 그 직업에서 성공을 이룰 가능성을 그만큼 높일 수 있다.

그러면 자신의 성격을 알아볼 수 있는 DISC 성격유형에는 어떤 특징이 있으며, 유형별로 적합한 직업에는 어떤 직업이 있는지 알아보자.

주도형(D)

주도형인 사람들은 전반적으로 행동과 결정이 빠른 유형으로 독단적인 사람으로 비쳐질 수도 있지만, 결단력이 좋은 사람으로 비쳐지기도 한다. 이들은 사회적으로 외향적인 특성을 보이는데. 만약 당신이 대학교 때 스스로 과대를 하겠다고 손을 들었다면 당신은 주도형(D)일 확률이 높다. 사람과의 관계보다는 일 자체에 우선순위를 두며, 외향적이기는 하지만 사교적인 부분은 다소 부족한 경우가 많다. 회사 내에서 팀원 관리가 엄격하고 성과지향적인 팀장이 있다면 주도형(D)일 가능성이 높다. 이들은 가시적으로 빠른 결과가 나오는 일을 선호하는 경향이 있기 때문에 긴 시간의 준비 과정을 통해 결과를 얻는 직업은 적합하지 않다.

면접 과정에서 만나는 주도형 후보자는 자신의 과거 경력을 일목요연하게 정리하여 그동안의 업적과 성과를 잘 어필한다. 면접 과정에서의 대화도 대부분은 일과 관련된 대화가 많고 성과를 강조하는 경향이 두드러진다. 하지만 타인과의 협업을 통해 성과를 이루기보다는 스스로 주도해서 성과를 이룬 사례가 많고, 직책에 대한 집착이 강하여, 면접 후 마지막 질문에서도 입사 후의 직책과 권한에 대한 질문을 하는 경우가 많이 한다. 면접관의 눈에 적극적이고 성과 지향적인 후보자로 보일 수도 있지만, 과할 경우에는 자기중심적이며 대인관계가 부족한 후보자로 보일 수도 있으니 주의할 필요가 있다.

관련 직업으로는 기업의 관리자, 군 지휘관, 경찰관, 건축가, 지도자, 기자, 심판관, 개인 창업 등을 들 수 있다.

사교형(I)

사교형인 사람들은 말과 행동이 빠르며 사교적인 유형으로 낙관적이며, 외향적인 특성을 보인다. 회사 내 동호회 활동에 적극 참여를 하거나 회사의 소식은 모르는 것이 없을 정도로 회사 소식에 정통한 소식통 역할을 하는 동료가 있다면 사교형(I)일 확률이 높다. 일보다 사람과의 관계에 우선순위를 두며, 즉흥적인 일을 좋아하고 예술적인 성향이 강하기 때문에 타인과의 협업을 통해 시너지를 내거나 타인을 설득시키는 직업이나 직무에서 탁월한 성화를 발휘할 수 있다.

면접 과정에서 만나는 주도형 후보자는 면접 시간 내내 면접관에게 유쾌한 감정을 선물해 준다. 그러다 보니 면접의 내용이 업무적인 이야기보다는 업무 외적인 이야기로 빠지는 경우가 많다. "이야기가 옆으로 샜네요"라는 말을 면접관들에게 많이 듣는다면 사교형(I)에 가까운 후보자일 확률이 높다.

기업은 말 잘 하는 사람을 채용하는 것이 아니라 일을 잘 하는 사람을 채용하고 싶어 한다. 그렇기 때문에 화려한 언변으로 지나치게 업무 외적인 이야기를 많이 하는 것은 바람직하지 않다. 말을 많이 하다 보면 당연히 실수가 나오게 되고 정작 중요한 이야기는 하지 못하는 상황도 발생한다. 사교형(I)인 후보자는 되도록 업무 외적인 이야기는 자제하고 본인의 장점인 사교성을 바탕으로 문제를 해결했거나 성과를 이룬 내용을 강조하여 언급하면 면접관으로부터 좋은 평가를 받는 데 도움이 된다.

관련 직업으로는 연기자, 아나운서, 인사관리, 영업사원, 외교관, 컨설턴트, 항공승무원, 관광가이드, 강사 등을 들 수 있다.

안정형(S)

안정형인 사람들은 말과 행동이 비교적 느리고 사람들과의 안정적인 관계 유지를 선호하는 유형으로 다소 내향적인 모습을 보인다. 오랜 시간 묵묵히 내 친구가 되어주고 어려운 일이 있을 때도 조언보다는 위로를 해주는 친구가 있다면, 안정형일 확률이 높다. 소위 우리가 말하는 '착한 사람'이다.

이들은 일보다는 사람과의 관계에 우선순위를 두며, 다른 사람을 돕는 것을 즐겨 한다. 업무에 있어서도 안정적이며, 예측이 가능한 업무를 선호하는 경향이 있다. 반면 위험을 회비하고, 우유부단하여 결정을 쉽게 내리지 못하고 누군가다 결정을 해주길 바란다. 이런 유형의 사람이 팀장이 되면 팀에 소속되어 있는 팀원들은 속을 썩을 수밖에 없다.

면접 과정에서 만나는 안정형 후보자는 질문에 대한 답을 이끌어 내기가 쉽지 않다. 면접관이 원하는 답을 바로 하기보다는 어느 책의 구절을 빌리거나 비유를 통해 자신의 뜻을 전달한다. 만약 면접관이 사교형(I)이어서 당신의 말을 잘 해석한다면 다행이지만, 신중형(S)인 면접관이 있다면 있는 그대로 사실만 받아들이고 사전적 의미로만 단어를 해석하는 면접관에게는 정말 답답한 면접자로 밖에는 보이지 않는다.

그렇기 때문에 안정형인 면접자는 최대한 면접관이 이해하기 쉽도록 "예", "아니오"를 서두에 먼저 명확히 언급한 후, 답에 대한 부연 설명을 간단명료하게 사실에 근거해 답하는 연습을 하면 면접 과정에서 좋은 결과를 얻을 수 있다. 관련 직업으로는 교사, 일반직 공무원, 은행원, 성직자, 공학자, 역사, 전통 관련업 등을 들 수 있다.

신중형(C)

신중형인 사람들은 말과 행동이 느리며 논리적이고 신중한 유형으로 내향적인 성향을 가지고 있다. 안정형과 다른 점이 있다면 사람들과의 관계보다는 일에 우선순위를 두며, 통계나 숫자를 다루는 일을 선호한다는 점이다. 만약 주변에 대인관계가 서툴고 항상 경직되어 있으며 예민한 사람이 있다면 신중형(C)일 확률이 높다.

이들은 자신에게 주어진 일에 대해서는 회피하거나 대충 하는 일이 절대 없다. 스스로에 대한 기대치가 높기 때문에 결과물에 대해서 적당히 타협하지 않고 스스로 만족할 때까지 포기하지 않는다. 그렇기 때문에 타인과 협업을 하거나 타인을 설득하는 직무나 직업에서는 성과를 발휘하기 어렵다. 도리어 극심한 스트레스만 유발될 뿐이다.

면접 과정에서 만나는 신중형(C)은 무뚝뚝하다 못해 퉁명스러워 보이기까지 한다. 아무리 선한 마음을 가지고 있다고 해도 표현

되는 모습이 무뚝뚝해 있으면 면접관에게는 좋은 인상을 주기 어렵다. 질문에 대한 답변도 단답형으로 짧게 답하는 경우가 많다. “과거 경험 중에서 성취 욕구를 가장 크게 느꼈던 적은 언제인가요?”라는 질문에 신중형(C)은 “없습니다”, 내지는 “대학교 졸업 작품 때입니다”라며 짧게 답변을 마무리한다.

가끔은 면접관의 피드백에 대해서 자신의 생각과 다르다는 이유로 반박을 하는 경우도 종종 있다. 이런 경우 면접관은 다음 질문을 계속 이어나가기가 버거워 면접을 빨리 마무리하게 된다. 물론 부정인 이미지만을 남긴 채로 말이다. 그렇기 때문에 신중형(C)인 면접자는 면접관을 대할 때 좀 더 밝은 표정으로 면접에 임하는 것이 유리하다. 답변을 할 때도 짧게 마무리하는 것이 아니라 면접관이 이해하기 쉽도록 풀어서 답변을 하면 면접관에게 좋은 이미지를 남길 수 있다. 특히 신중형은(C)은 숫자나 데이터에 강점을 가지고 있기 때문에 자신의 주장에 통계나 숫자를 적절히 사용하면 신뢰도를 크게 높일 수 있다. 관련 직업으로는 예술가, 철학자, 교수, 연구가, 통계학자, 수학자, 화학자, 천문학자, 프로그래머, 데이터베이스 관리자 등을 들 수 있다.

DISC 성격유형은 단독으로 해석되기도 하지만, 각 유형의 패턴이 어떻게 분포되는지에 따라 마흔 개로 세분화하여 좀 더 구체적인 분석도 가능하다. 온라인(disc.aiselftest.com/index.html)에서 무료검사가 가능하니, 간단히 자신의 대표 유형을 쉽게 파악할 수 있다.

MBTI 성격유형검사로 본인의 기질 파악하기

앞에서 DISC를 통해 자신의 성격을 4가지 유형으로 살펴봤다. 이번에는 최근 예능 프로그램을 통해 유행하고 있는 또다른 대표 성격유형검사 도구인 MBTI를 통해 좀 더 구체적으로 자신의 성격유형을 살펴보자.

4가지 선호 방식으로 나눈 심리유형

MBTI(Myers-Briggs Type Indicator)는 마이어스(Myers)와 브릭스(Briggs)가 정신분석학자인 카를 융(Carl Jung)의 심리 유형론을 토대로 고안한 성격유형검사 도구다. 개인마다 태도와 인식, 판단기능

| 선호 경향 |

외향(E)	←	에너지 방향	→	내향(I)
감각(S)	←	인식기능	→	직관(N)
사고(T)	←	판단기	→	감정(F)
판단(J)	←	생활양식	→	인식(P)

에서 각자 선호하는 방식의 차이를 나타내는 4가지의 선호 지표로 구성되어 있다. MBTI는 이 4가지 분류 기준에 따라 에너지의 방향을 외향으로 쓰는지 아니면 내향으로 쓰는지, 인식기능으로 감각을 주로 사용하는지 아니면 직관을 사용하는지, 판단할 때 사고를 하는 편인지 아니면 감정을 사용하는지, 생활양식이 판단에 따르는지 아니면 인식에 따르는지의 선택으로 결정된 4가지 선호 경향의 조합을 통해 16가지 심리유형으로 분류된다.

이처럼 MBTI는 16가지의 유형으로 구분이 되지만, 그중에서 성격을 잘 나타내는 4가지 대표 기질로도 구분할 수 있다. 정보수집 지표인 S와 생활양식 지표인 J-P가 결합된 SJ와 SP, 정보 수집에 관한 지표인 N과 판단 지표인 T-F가 결합한 NT, NF가 바로 그것이다. 4가지 기질에는 기질별 적합한 직업과 적합하지 않은 직업이 있으니, 참고를 하면 직업 선택에 도움이 될 것이다.

| 16가지 심리유형 |

ISTJ	ISFJ	INFJ	INTJ
구체적이고, 사실적이며, 현실적이고, 책임감이 강하다. 체계적으로 일, 가정, 삶을 구성해 나갈 때 행복감을 느낀다.	철저하고, 노고를 아끼지 않으며, 사려 깊고, 정확하다. 직장과 가정에서 정돈되고 조화로운 환경을 만들기 위해 노력한다.	자신들의 확고한 가치를 양심적으로 수행한다. 자신의 비전을 수행하기 위해 사람들을 조직화하고 동기화시킨다.	독창적이며 창의적이다. 목표를 성취하고자 하는 욕구가 강하다. 자신과 타인의 능력과 수행에 높은 기준을 지니고 있다.
ISTP	**ISFP**	**INFP**	**INTP**
문제의 현실적인 원인을 분석하고 핵심을 구체적으로 파악하기 위해 많은 양의 정보를 처리한다. 효율성에 가치를 둔다.	조용하고, 다정하며, 정서에 민감하고 친절하다. 자신의 공간과 시간 안에서 일하는 것을 좋아 한다.	이상주의자이며, 자신에게 의미 있는 가치나 사람에게 충성한다. 환경에 잘 적응하고 융통성이 있으며, 수용하는 편이다.	유연성과 적응력이 있다. 관심분야에 있어 문제해결에 깊이 집중하며, 호의적이며, 때로는 비판적이고, 항상 분석한다.
ESTP	**ESFP**	**ENFP**	**ENTP**
상황에 유연하며, 즉각적인 결과에 초점이 맞춰진 현실적인 접근을 선호한다. 지금의 일에 관심이 많고 매순간을 즐긴다.	사교적이며, 다정하고, 수용적이다. 타인과 함께 있는 것을 즐기며, 상식적, 현실적인 접근으로 일을 재미있게 하고자 한다.	열정적이고, 따뜻하며, 상상력이 풍부하다. 자발적이고, 융통성이 있으며, 유창한 언변을 발휘한다.	상황을 빠르게 이해하고 거리낌 없이 표현한다. 일상적인 일을 지루해하며, 관심의 폭이 넓으나 다른 것으로 바뀌기 쉽다.
ESTJ	**ESFJ**	**ENFJ**	**ENTJ**
구체적이고, 현실적이며, 사실적이다. 결정을 하고자 하며, 결정된 것을 이행하기 위해 빠르게 움직인다.	마음이 따뜻하고 양심적이며, 협조적이다. 사소한 일도 성실히 수행하며, 자신의 존재와 기여에 대해 인정받기를 원한다.	감정이입을 하며, 표현이 활발하고, 책임감이 있다. 집단 안에서 타인과의 상호작용을 촉진시킨다.	솔직하며, 결단력 있고, 타인들을 이끌고자 한다. 장기계획과 목표를 설정하고 아이디어와 비전을 표현하고 관철시킨다.

SJ 유형 - 보호자(보수주의자)

감각과 판단이 결합된 유형으로 사회에 대한 책임의식이 강하고 현실적이며 상식을 중요한 가치로 여긴다. 이들은 제도와 계급이 존재하는 조직의 구조를 바람직한 조직이라고 여기기 때문에 조직의 룰을 지키기 위해 노력하고, 규칙을 어기는 사람에 대해서는 불편함을 느낀다. 그렇기 때문에 이러한 유형의 사람은 자유롭고 위계가 없는 조직에서는 제대로 된 성과를 발휘하기 어려울 뿐만 아니라 업무에 있어서도 스트레스를 받게 될 가능성이 높다.

조직에 특화되어 있는 성향이기 때문에 기업의 면접관에게는 긍정적인 이미지를 심어줄 수 있지만, 지나칠 경우 너무 보수적인 사람으로 선입견을 심어줄 수 있으니, 주의해야 한다.

SJ 유형에 잘 어울리는 직업으로는 기업의 관리자, 연구원, 공무원, 군인, 애널리스트, 컨설턴트, 은행원, 사서 등이 있다. 반면 적합하지 않은 직업으로는 연예인, 예술가, 배우, 디자이너, 창작가 등을 들 수 있다.

SP 유형 - 예술가(현실주의자)

감각과 인식이 결합된 유형으로 SJ 유형과 마찬가지로 현실적인 것을 중요한 가치로 여기지만 제도나 계급에 얽매이지는 않는다. 회사 내에서도 자유로운 분위기를 선호하며, 수평적인 조직문화에서 성과를 발휘할 가능성이 높다. 또한 현재의 순간에 충실하기 때

| 4가지 기질 |

SJ-보호자(보수주의자)	SP-예술가(현실주의자)
소속과 봉사, 책임감, 의무를 존중하고 위계질서를 존중한다. 보수적 가치관을 가지고 있고 근면하다. 경험을 통해 체득한다. 잘 맞는 직업 분석가, 연구가, 공무원, 애널리스트, 컨설턴트, 은행원, 사서 잘 맞지 않는 직업 연예인, 예술가, 배우, 디자이너, 카운슬러, 만화가	자유로움, 충동적, 자발적, 흥취와 자극을 추구, 현재에 몰입, 절충적이며 적응적이다. 잘 맞는 직업 영화감독, 가수, 스타일리스트, 디자이너, 라디오 DJ, 전투기 조종사, 항공 우주 엔지니어 잘 맞지 않는 직업 교수, 고고학자, 변호사, 판사, 심리학자, 사업가
NT-합리론자(능력주의자)	**NF-이상가(이상주의자)**
원리 파악, 사고의 정확성을 추구하며, 이론적, 논리적이다. 독립적 사고를 한다. 잘 맞는 직업 정치인, 기업가, 외교관, 의사, 교수, 큐레이터, 과학자 잘 맞지 않는 직업 가수, 배우, 시인, 요리사, 에디터, 공무원	진실, 공감, 공유 관계를 원하고 의미와 정체감을 추구한다. 성장 지향적이고, 미래에 대해 관심을 갖는다. 잘 맞는 직업 교사, 심리치료사, 작가, 영화감독, 스타일리스트, 에디터, 세일즈 매니저 잘 맞지 않는 직업 경영인, 과학자, 수학자, 판사, 항공 조종사

문에 계획을 세우기보다는 현재의 문제를 해결하는 데 집중을 하는 경향이 있다.

그렇기 때문에 면접관의 눈에는 조직에 잘 적응을 할 수 있을지에 대해서 의구심을 가지게 될 수 있다. 기본적으로 기업은 제도를 통해서 조직을 관리하고 중장기적인 계획하에 경영을 하기 때문에 SP 유형의 면접자에 대해서 불안감을 느낄 수 있다. 그렇기 때문에 면접 과정에서는 최대한 신중하고 또한 조직 관점에서 답변을 하는 자세가 필요하다.

SP유형에 잘 어울리는 직업으로는 영화감독, 스타일리스트, 디자이너, 디자이너, 쇼핑호스트, 인플루언서 등이 있다. 반면 적합하지 않은 직업으로는 교수, 고고학자, 판사, 심리학자, 사업가 등을 들 수 있다.

NT 유형 - 합리론자(능력주의자)

직관과 사고가 결합된 유형으로 위에 언급한 SJ 유형이나, SP 유형과는 큰 대조를 보인다. NT유형은 직관을 편향으로 지닌 유형이기 때문에 현재보다는 미래를 더 중요한 가치로 판단한다. 조직에서는 성과 지향적인 모습을 보이며, 논리적이고 분석적이며 추진력이 강하다. 기업이 선호하는 바람직한 인재상으로 비칠 수 있으나, 자신의 높은 기준을 타인에게도 요구하는 경향이 있어, 조직의 구성원들은 불편함을 느낄 수 있다.

면접 과정에서 보이는 NT 유형의 특징은 매우 객관적이며, 사실에 근거하여 논리적으로 답변을 한다는 점이다. 빈틈을 찾기 쉽지 않고, 도리어 면접관에게 반문을 던지기도 한다.

따라서 NT 유형의 면접자는 과거와 현재를 되돌아보면서 자신을 성찰하고 본인에게도 부족한 부분이 있다는 점을 전제로 겸손함을 갖춘다면 면접관들에게 최고의 면접자가 될 수 있다.

NT 유형에 잘 맞는 직업으로는 정치인, 기업가, 외교관, 의사, 교수, 큐레이터, 연구원 등이 있다. 반면 적합하지 않은 직업으로는 문학예술가, 공무원, 요리사, 애견전문가 등이 있다.

NF 유형 - 이상가(이상주의자)

직관과 감정이 결합된 유형으로 NT 유형과 마찬가지로 직관을 우선시하기 때문에 현재보다는 미래를 중시하고 보편적인 생각을 가지고 있다. 다만 NT 유형과 달리 타인에게 자신의 기준을 강요하지 않고, 타인의 상황과 감정을 고려하여 의사결정을 하는 성향을 가지고 있다. 또한 독창적이며, 창의적인 사고를 지향하고 타인과의 관계를 중요한 가치관으로 여긴다. 다만 조직의 제도나 규칙 등에 얽매이는 것을 불편하게 생각하기 때문에 회사의 규율을 잘 지키지 않거나 제출해야 하는 증빙서류 등을 제때 제출하지 않는다.

면접 과정에서 보이는 NF 유형의 특징은 순박해 보이고 다소 세련미가 없어 보이기도 한다. 현실적인 부분보다는 이상적인 답변을 자주 하여 면접관을 당혹하게 하기도 한다. 그렇기 때문에 면접 과정에서는 좀 더 세련된 말투와 행동을 하는 것이 좋으며, 되도록 자신의 생각을 추상적으로 길게 이야기하지 말고 현실에 입각하여 답변을 간단명료하게 하는 것이 좋다.

NF 유형에 잘 맞는 직업으로는 교사, 심리치료사, 유치원교사, 간호사, 영업사원, 작가, 애견 전문가 등이 있다. 적합하지 않은 직업으로는 경영자, 군인, 판사, 연구원, 수학자 등을 들 수 있다.

MBTI 역시 온라인(www.16personalities.com/ko)을 통해 무료로 검사를 해보고 16가지 유형 중 자신의 유형을 쉽게 확인해볼 수 있다.

진로 설계 과정에서 성격유형을 파악해보는 것이 필요한 이유는 성격유형검사를 통해 자신에게 적합한 직업들을 확인할 수 있기 때문이다. 물론 여기에서 제시된 직업이 반드시 본인에게 적합한 직업이라고 단정할 수는 없다. 하지만 자신의 성격유형과 일치하지 않는 직업을 선택했을 때보다 성격유형과 일치하는 직업 중에서 자신의 직업을 선택하는 것이 직업 선택에서 실패 확률을 낮출 뿐만 아니라, 직업에서 오는 만족감을 높일 수 있을 것이다.

다중지능검사로 나의 강점지능을 찾아라

우리는 흔히 높은 성과를 내는 사람을 똑똑한 사람이라고 이야기한다. 똑똑한 사람은 무슨 일이든 척척 잘 해낼 수 있고, 다른 사람들보다 리더십도 뛰어날 것이라고 생각한다. 그런데 과거에는 똑똑하다는 것을 객관적으로 증명할 방법이 없었다. 그래서 심리학자들은 객관적 수치로 학업성취도와 능력을 측정하기 위해 지능(Intelligence Quotient)검사를 개발하였다. 이것이 바로 흔히 우리가 IQ 테스트라고 하는 검사이다.

| 8가지 다중지능 |

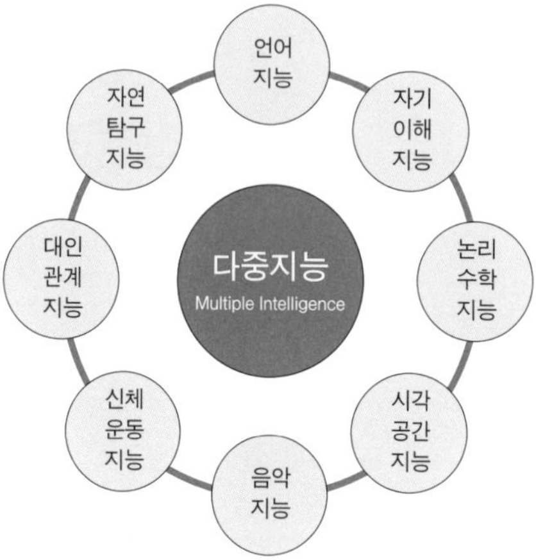

8가지 다중지능의 이해

최초의 지능검사는 지능이 뛰어난 천재를 찾기 위한 검사라기보다는 지능이 낮은 사람을 가려내기 위한 수단으로 사용되었다. 이러한 지능검사는 1970년대까지 사람의 지능을 측정하는 가장 중요한 지표로 널리 사용되어왔다. 하지만 미국의 심리학자 하워드 가드너(Howard Gardner)는 인간의 지능은 단순히 단일한 속성으로 규정할 수 없다고 반박하였다. 그는 인간은 각기 독립된 8가지의 지능을 가지고 있으며, 그 지능은 다음과 같다고 설명하고 있다.

언어지능(Linguistic Intelligence)

말이나 글을 통하여 언어를 효과적으로 구사할 수 있는 능력으로, 외국어를 습득하는 능력도 여기에 포함된다. 이 지능은 경험이 늘어나고 나이가 들수록 상승한다는 특성을 가지고 있다. 작가, 시인, 정치가, 웅변가, 언론인 등에게 요구되는 지능이다.

논리-수학지능(Logical-mathematical Intelligence)

논리적·수학적으로 사고하는 능력을 나타낸 것이다. 일반적으로 우리가 알고 있는 IQ는 대부분 여기에 해당한다. 이미지나 문자보다는 수로 기억하는 능력이 더 뛰어난 경우이며, 주로 컴퓨터공학과 같은 분야에 필요한 지능이다.

시각-공간지능(Spatial Intelligence)

공간적·시각적인 것과 관련된 것에 대한 파악능력이 뛰어나거나 그러한 부분에 민감하게 반응하는 능력을 말한다. 이 능력이 뛰어날 경우 자신이 알고 있는 사실이나 공간을 시각적으로 표현하는 능력이 뛰어나다. 건축가, 예술가, 장식가, 발명가, 지리학자 등의 직종에 요구되는 지능이다.

음악지능(Musical Intelligence)

음악뿐만 아니라 소리와 관련된 모든 사항에 대해 남보다 민감하게 반응하거나 분석할 수 있는 지능을 말한다. 음악, 소리 관련 직종에 요구되는 지능이다.

신체운동지능(Bodily-kinesthetic Intelligence)

자신의 신체적 운동을 통제하는 능력을 말한다. 이 능력은 스포츠와 같이 격렬한 운동 외에도 균형, 민첩성, 손의 섬세한 움직임, 표현력 등을 모두 포괄하기 때문에, 운동선수뿐만 아니라 행위예술가나 배우 등도 이 지능이 뛰어난 사람으로 분류할 수 있다.

대인관계지능(Interpersonal Intelligence)

주로 사람들과 교류하고 타인의 감정과 행동을 파악하는 능력이다. 이 능력이 뛰어난 경우 대부분 사람을 잘 파악하고 상대방과 잘 어울릴 수 있다. 정치가, 종교인, 마케터, 교사 등의 직종에 요구되는 지능이다.

자기이해지능(Intrapersonal Intelligence)

자기 자신의 상태나 감정을 파악하는 능력을 말한다. 자신을 객관적으로 이해하며 그에 기초하여 잘 행동할 수 있는 능력으로 소설가, 상담가, 임상학자 등과 같은 직종에 요구되는 지능이다.

자연탐구지능(Naturalist Intelligence)

자연과 상호작용(주변 사물을 잘 관찰하고 분석)하는 지능을 말한다. 동식물뿐만 아니라 날씨나 자동차 같은 것을 포함해 교감할 수 있는 능력을 가리킨다. 이것이 뛰어난 경우 자연에 대한 인식이 강해서 동물이나 식물을 잘 키우는 경우가 많으며, 자연에서 발생하는 현상에 대한 분석능력도 높다. 과학자나 공학자, 동물이나 식물을 다루는 직업 분야 등에서 요구되는 지능으로 볼 수 있다.

가드너는 이러한 8가지 능력은 서로 연관성이 없는 독립된 상태에서 기능하는 것이며 '지능'의 하위 개념이 아니라고 이야기하고, 이를 '다중지능(Multiple Intelligence)'이라고 정의하였다.

다중지능검사를 활용한 강점지능 찾기

얼마 전 EBS 프로그램 〈다큐프라임〉 '다중지능' 편에는 자신의 직업에 불만이 있다고 응답한 성인 중 불만도가 높은 8명을 대상으로 다중지능과 관련하여 실시된 재미있는 실험이 소개되었다. 흥미로운 사실은 이들의 직업이 학교 교사, 은행원, 인터넷 쇼핑몰 사장 등 누구나 한 번쯤은 꿈꿔왔을 직업이었다는 점이다. 그럼에도 이들이 자신의 직업에 만족하지 못한 이유는 실제 직업과 다중지능검사를 통한 강점지능이 일치하지 않았기 때문이다. 오히려 이들이 희망하는 직업이 검사로 드러난 강점지능과 거의 일치하였다.

이와 반대로 사회적으로 자신의 분야에서 성공한 사람들의 다중지능검사 결과는 현재의 직업과 강점지능이 모두 일치하였다. 하지만 이들에게도 상대적으로 부족한 부분이 존재했다. 연구에 참여한 한 발레리나는 신체운동지능이 뛰어난 반면 논리-수학지능이 부족했고, 유명한 싱어송 라이터는 시각-공간지능이 부족했다. 이런 지능은 다른 직업을 가진 누군가에게는 반드시 필요한 지능이지만 이들에게는 크게 중요하지 않은 지능이었기에, 이들이 자신의 분야에서 성공할 수 있었던 것이다.

그렇다면 이들은 8가지의 지능 중 하나의 강점지능만으로 성공할 수 있었을까? 그렇지 않다.

이들의 검사 결과 중 상위 3가지 지능에 집중해볼 필요가 있다. 싱어송라이터는 음악지능 외에 작사를 할 수 있는 언어지능이 뛰어났고, 발레리나는 신체지능과 함께 관객과 소통할 수 있는 대인관계지능이 높았다.

가장 주목할 부분은 이들이 공통적으로 자기이해지능이 높았다는 점이다. 즉 성공한 이들에게는 자기 자신을 객관적으로 이해하고 성찰할 수 있는 지능이 공통적으로 높게 나타났던 것이다. 그들은 자신이 왜 그 일을 하고 있는지, 그리고 그 일을 통해 무엇을 얻고자 하는지를 명확하게 알고 있었다.

고대의 철학자 소크라테스는 "너 자신을 알라"라는 유명한 명언을 남겼다. 《논어》에도 이와 비슷한 구절이 있다. "知之爲知之 不知爲不知 是知之(아는 것은 안다고 하고 모르는 것은 모른다고 하는 것이 아는 것이다)."

그만큼 나 자신과 나를 둘러싼 내 주변을 이해한다는 것은 동서고금을 막론하고 가장 중요한 요소 중 하나라 해도 과언이 아니다. 그렇다면 자기이해지능을 높이기 위해서는 어떤 노력이 필요할까?

첫 번째는 자기효능감이다. 무엇보다 나 자신을 사랑하고 무슨 일이든 잘 해낼 수 있다는 믿음과 확신을 갖는 것이 중요하다. 두 번째는 자신의 강점과 약점을 객관적으로 파악하여 강점은 더욱 강화하고, 약점은 보완할 수 있어야 한다. 그러기 위해서는 철저하게 제3자의 관점에서 자신을 객관적으로 관찰해보는 것이 좋다.

먼저 나와 협업 관계에 있는 동료의 관점에서 나의 강점과 약점이 무엇인지 파악해보자. 또 친한 친구의 관점에서 나의 강점은 무엇이며 약점은 무엇인지 파악해보는 것도 좋은 방법이다. 동료의 관점, 친구의 관점, 배우자의 관점, 고객의 관점, 경쟁자의 관점에서 자신을 객관적으로 분석하는 훈련을 지속적으로 반복하면 자기이해지능을 향상시킬 수 있다.

온라인(www.multiiqtest.com)에서도 다중지능검사를 통해 자신의 강점지능을 확인해볼 수 있으므로, 본인의 강점지능을 확인하고 강점지능에 적합한 직업을 탐색하는 과정을 통해 앞으로의 진로를 좀 더 명확하게 설계해보자.

홀랜드 검사로 직업 흥미 알아보기

홀랜드 검사의 이해

직업을 선택하는 기준이나 계기는 사람마다 다르다. 때로는 인기 드라마 주인공의 직업에 매력을 느껴 해당 직업을 선택하거나, 부모님의 권유로 직업을 선택하기도 한다. 하지만 자신과 직무 적합성이 맞지 않는 직업을 선택한다면 아무리 사회적으로 선호되는 직업이라 해도 행복한 생활을 해나가기 어렵다.

미국의 저명한 심리학자 존 홀랜드(John L. Holland)는 직업을 선택하는 데 있어 자신의 직업성격에 맞는지를 고려해야 만족스러운 직장생활을 할 수 있고, 직업적 성공도 함께 거둘 수 있다고 강조했다. 하지만 우리가 살고 있는 현대사회에는 무수히 많은 직업들이 있으

| 홀랜드의 육각형 |

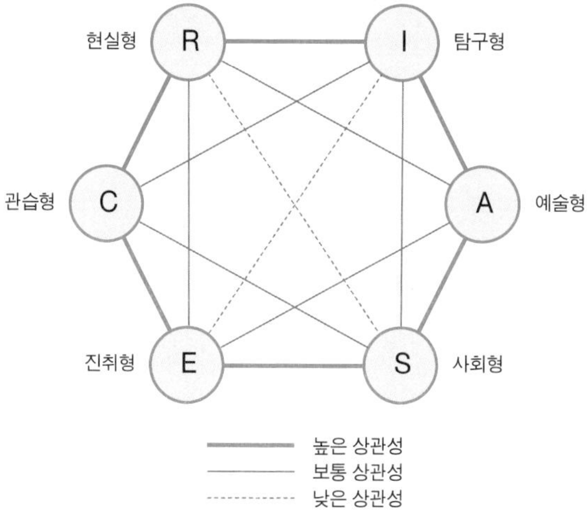

므로 어떤 직업이 자신의 적성에 잘 부합하는지 알기는 쉽지 않다.

존 홀랜드는 같은 직업군에 있는 사람들은 비슷한 성격, 개인 발달사를 가지고 있으며, 다양한 상황에서도 유사한 방식으로 반응한다고 믿었다. 그는 직업인들의 성격과 직업 환경을 분석한 결과 공통적인 직업인들의 성격유형을 현실형(Realistic), 탐구형(Investigative), 예술형(Artistic), 사회형(Social), 진취형(Enterprising), 관습형(Conventional) 적성의 6가지로 분류하고 첫 글자를 따서 RIASEC(리아섹, 직업선호도 검사)이라는 검사를 고안하였다. 이 검사를 통해 직업적 흥미, 적성, 성격, 선호직업을 확인해볼 수 있다.

홀랜드의 육각형을 이루는 6가지 성격유형은 서로 상관관계를 가지고 있다. 예를 들어 R과 가장 가까이 인접해 있는 I나 C 성격유형은 현실성과 일관성이 높다고 볼 수 있다. 반면, R과 대칭에 있는 S 성격유형의 경우 일관성이 매우 낮다.

홀랜드의 6가지 성격유형(RIASEC)

이 책에서 홀랜드의 직업선택이론을 다 다룰 수는 없다. RIASEC의 6가지 성격유형에 대해서 알아보고, 자신과 가장 잘 맞는 유형과 대표 직업에는 무엇이 있는지 간단히 알아보자.

현실형(R) Realistic

현실형 점수가 높은 사람은 활동적이며 실물적인 일을 좋아한다. 명확하고 체계적이며 질서정연한 일을 좋아하며, 기존의 가치와 신념체계에 위배되지 않는 선에서 원리 원칙적으로 사고하고 명확한 방법을 사용하여 행동하는 경향이 강하다. 사물을 다루고 조작하는 것을 좋아해 손재주가 있다는 평을 듣는다. 겸손하고 솔직하다. 대표 직업으로는 기술자, 항공기 조종사, 정비사, 엔지니어, 전기·기계 기사, 군인, 경찰, 소방관, 운동선수 등이 있다.

탐구형(I) Investigative

탐구형 점수가 높은 사람은 관찰하고 탐구하며 사고하는 일을 좋아한다. 현상을 비판적이고 분석적으로 관찰하고, 체계적이고 창조적으로 탐구하는 것을 좋아한다. 자연현상이나 사회현상에 대한 탐구활동에 관심이 많다. 독립적이며 개방적인 태도로 정보를 수집하고 자료를 분석하며, 현상에 대한 결론을 내리는 과정을 거쳐 문제를 해결하는 방식의 일을 선호한다. 대표 직업으로는 언어학자, 심리학자, 시장조사분석가, 과학자, 생물학자, 화학자, 물리학자, 인류학자, 지질학자, 경영분석가 등이 있다.

예술형(A) Artistic

예술형 점수가 높은 사람은 창의적이고 변화를 추구하는 일을 좋아한다. 자유롭고 유연한 사고를 즐기며 아름다움을 추구하는 경향이 강하다. 틀에 박힌 일이나 같은 패턴의 일, 변화가 없이 틀에 맞추어 해야 하는 일을 별로 좋아하지 않는다. 같은 사물이나 현상을 보고도 획일적으로 판단하지 않으며 상상력이 풍부하고 독창적인 편이다. 예술적 감수성이 뛰어나고 능력을 발휘하며 즐긴다. 대표 직업으로는 예술가, 작곡가, 음악가, 무대감독, 작가, 배우, 소설가, 미술가, 무용가, 디자이너, 광고, 기획자 등이 있다.

사회형(S) Social

사회형 점수가 높은 사람은 사람들과 교류하고 협력하는 일을 좋아한다. 타인의 문제를 듣고 공감하고, 도와주고, 치료해주는 것을 선호하며 사람을 상대하는 활동에 능숙하다. 일반적으로 이타적이며 자애롭고 배려심이 깊은 인물로 평가받는다. 사물을 지향하기보다는 사람과 사람 사이의 관계에 주목하는 경향이 강하여, 다른 사람들에게 어떤 사실을 가르쳐주고 도와주거나 지원하는 활동을 좋아한다. 대표 직업으로는 사회복지사, 교육자, 간호사, 유치원 교사, 종교지도자, 상담가, 임상치료사, 언어치료사 등이 있다.

진취형(E) Enterprising

진취형 점수가 높은 사람은 목표를 정하고 성취하도록 이끄는 것을 좋아한다. 자신이 기획하고 목표로 설정한 것을 실행시키는 데 탁월한 능력을 보이는 유형이다. 개인과 조직의 목표를 달성하거나 경제적인 이익을 추구하기 위한 활동을 선호하며, 타인에게 영향력을 발휘하는 일을 하고 싶어 한다. 계획하고 목표를 설정하며 추진하고 있는 일을 성공적으로 이끌기 위해 다른 사람들을 설득하거나 협상을 하는 등 사회성을 발휘하기도 한다. 대표 직업으로는 기업경영인, 정치가, 판사, 영업사원, 상품구매인, 보험회사원, 판매원, 연출가, 변호사 등이 있다.

관습형(C) Convention

관습형 점수가 높은 사람은 조직적이고 안정적이며 체계적인 일을 좋아한다. 규칙과 시스템이 잡혀 있는 일을 좋아하고, 수립되어 있는 시스템에 적응하여 규칙에 맞게 성실하고 분명하면서도 체계적으로 일을 하는 것을 좋아하여, 서류 작성 및 기록 등과 같은 사무적인 일에 능력을 발휘한다. 문제 상황에서 조심스럽고 체계적으로 해결계획을 세우는 편이다. 대표 직업으로는 공인회계사, 경제분석가, 세무사, 경리사원, 감사원, 안전관리사, 사서, 법무사, 의무기록사, 은행사무원 등이 있다.

대부분의 사람들은 이 6가지 직업적 성격유형 중 하나로 분류될 수 있으며, 각 성격유형이 제시하고 있는 대표 직업군 중에서 자신에게 맞는 직업을 선택한다면 좀 더 만족스러운 직업생활을 할 수 있고 직업적으로도 성공을 거둘 수 있을 것이다. 홀랜드 성격유형 검사는 워크넷(www.work.go.kr)의 직업진로/직업심리검사/성인용심리검사실시/직업선호도 검사 S형에 들어가서 무료로 확인해볼 수 있다.

3장

비전과 생애설계 전략을 세워라

내 꿈을 실현해줄 비전 설계하기

사하라 사막의 북극성

사하라 사막의 어느 오아시스 끝자락에 작은 마을이 있었다. 이 마을을 벗어나 사하라 사막 밖으로 나가기 위해서는 꼬박 나흘가량의 시간이 필요했다. 하지만 어찌 된 영문인지 마을 사람 중 누구도 이 마을 밖으로 벗어난 사람이 없었다. 1926년 영국의 어느 외지인이 이 마을을 찾기 전까지는 말이다.

외지인: 이 사막을 벗어난 사람이 아무도 없다고요?

원주민: 네, 많은 마을 사람들이 이 사막을 벗어나려고 해보았지만, 어느 쪽으로 출발을 하든 결국 다시 이 마을로 돌아

오고 맙니다.

이 말을 들은 외지인은 그 이유를 알아보기 위해 마을에서 북쪽 방향으로 걸어가보았다. 그리고 나흘 만에 사막을 벗어날 수 있었다. 어떻게 외지인은 나흘 만에 사막을 벗어난 것일까?

이유는 간단했다. 원주민들이 북극성의 존재를 알지 못했기 때문이었다. 사막 한가운데서 기준점 없이 오로지 감각에만 의존한 채 걸으면 조금씩 방향이 틀어져 큰 타원을 그리며 걷게 되기 때문에, 결국 계속 걷다 보면 원래의 장소로 돌아올 수밖에 없었던 것이다.

외지인은 한 원주민에게 그 간단한 사실을 알려주었다.

"낮에는 쉬고, 밤에는 북극성을 보면서 걸으면 됩니다."

그 말을 따른 원주민은 결국 나흘 만에 사막을 벗어날 수 있었다.

비전, 내 인생의 북극성

나침반이 발명되기 전 바다를 항해하던 우리의 선조들은 밤하늘의 북극성을 보고 가고자 하는 곳의 길을 찾을 수 있었다. 북극성은 언제나 북쪽 하늘의 같은 자리에서 밝게 빛나며 방향을 안내하는 길잡이 역할을 해주었기 때문이다.

우리의 인생을 큰 바다의 항해에 비유한다면 인생의 북극성은 무엇일까? 그것은 바로 '비전'이다. 비전이 없는 인생은 망망대해를 정처 없이 떠도는 것과도 같다. 하지만 애석하게도 대부분의 사람들은 비전 없이 인생을 살아간다. 인생의 마지막 종착지에 다다라서조차도 목적지를 알지 못한 채 생을 마감하는 것이다.

비전이 인생의 목표라면 직업은 그 인생의 목표를 이루기 위한 수단이다. 많은 이들이 흔히 입버릇처럼 "뭐하고 살지?"라는 말을 자주 하는 것은 비전이 없기 때문이다. 비전이 없으므로 무엇을 해야 할지, 어떤 직업을 선택해야 할지 망설이고, 불안해하며 고민하는 것이다.

비전의 3가지 조건

그렇다면 어떤 것이 비전이 될 수 있을까? 내가 원하는 것은 모두 비전이 될 수 있을까? 아쉽지만 모든 것이 다 비전이 될 수는 없다. 비전이 되기 위해서는 3가지 조건이 충족되어야 한다. 첫째는 나의 소명을 이루는 비전, 둘째는 나와 타인을 이롭게 하는 비전, 셋째는 꿈 너머의 꿈을 이룰 수 있는 비전이어야 한다.

나의 소명을 이루는 비전

소명은 종교적 관점에서는 '부름'이라고도 이야기하며, 신께서 나에게 의미있는 일을 하도록 명한 것으로, 그 안에는 신앙적인 믿음이 함께한다. 하지만 여기에서 말하는 소명은 종교적 소명과는 조금 다르다. 주체는 나이고, 나 스스로가 내적 성찰을 통하여 의미있는 개인적 목적을 성취하는 것을 말한다. 다시 말해 나 자신의 의미 있고 행복한 삶을 위한 비전인 것이다.

나와 타인을 이롭게 하는 비전

자신의 행복만을 추구하는 비전은 결코 비전이 될 수 없다. '인간은 사회적 동물이다'라는 말이 있듯이 우리는 타인과의 관계를 통해 사회를 구성하고, 타인과의 교류와 상호작용을 통해 비로소 삶의 의미를 찾게 된다. 아무리 억만금의 돈을 가지고 있더라도 이 세상에 나 혼자만 존재한다면 그 돈은 아무짝에도 쓸모가 없다. 그렇기 때문에 돈을 얼마나 벌었는지에 가치를 두기보다는 돈을 어떻게 벌 것인지, 또 어떻게 가치 있게 쓸 것인지에 의미와 가치를 두어야 한다. 즉 나뿐만 아니라 타인을 이롭게 하고 타인과 함께 행복할 수 있는 비전이야말로 진정한 비전이라 할 수 있다.

꿈 너머의 꿈을 이룰 수 있는 비전

TV 프로그램에 종종 등장하는 유명한 연예인들의 이야기를 듣다 보면 우울증이나 공황장애를 겪고 있거나, 겪었던 경험이 있는 연예인이 적지 않다. 우리가 볼 때는 돈도 많이 벌고, 많은 사람들로부터 관심과 사랑을 받는 그들이 왜 그렇게 큰 마음의 고통을 느끼는지 쉽게 이해가 되지 않는다. 하지만 나는 어느 유명 연예인의 인터뷰 내용을 통해 그 이유를 충분히 알 수 있었다.

"'나는 무엇이 될까?' 하고 생각하던 때가 가장 행복했던 시절이었던 것 같은데, 무엇이 되어버린 것 같은 거예요. '가장 행복했던 때는 이미 지나가버렸구나'라는 생각과 함께 앞으로는 무엇이 될지 전혀 궁금하지 않은 거예요. 앞으로 내 미래가 궁금하지 않아서……"라는 그의 이야기는 내게도 울림을 주었다.

미국의 명문대인 하버드대학교에서는 유독 한국 유학생들의 자퇴 비율이 다른 나라 학생들에 비해 높다고 한다. 자퇴를 결심한 학생들에게 그 이유를 물어보니, 왜 자신이 하버드대학교를 가야 하는지도 모른 채 오로지 하버드대학교에 합격하는 것만이 유일한 목표였기 때문이라고 했다. 그렇기 때문에 그다음 목표가 없었던 유학생들은 목표를 찾지 못해 무기력해지고, 결국은 자퇴를 결심했던 것이다. 즉 이들에게는 꿈 너머의 꿈이 없었던 것이다.

내 인생의 내비게이션, '비전'

차를 타고 어디론가 가고자 할 때 우리는 제일 먼저 내비게이션을 켠다. 그런 다음 가고자 하는 목적지를 입력한다. 그다음은 친절한 내비게이션의 안내 음성만으로도 목적지를 안전하게 찾아갈 수 있다.

나는 잘 아는 길을 갈 때에도 항상 내비게이션을 켠다. 그 이유는 차가 막히면 우회도로를 알려주고, 과속을 방지해주며, 잘못된 방향으로 갈 때 나를 바른 방향으로 안내해주기 때문이다. 이처럼 내비게이션은 운전자에게 매우 중요한 역할을 한다.

우리는 인생이라는 고속도로에서 한 번도 가보지 못한 목적지를 향해 운전 중이다. 그런데 많은 사람들이 내비게이션도 켜지 않은 채 그저 달려간다. 인생을 살다 보면 성공가도를 달릴 때도 있지만 때로는 실패의 쓴잔을 마실 때도 있다. 또 자신이 선택한 길이 잘못된 길인 경우도 있다. 이럴 때는 우리를 올바른 방향으로 안내해주는 비전이 필요하다.

아직 인생의 내비게이션을 켜지 않았다면 지금 당장 켜야 한다! 그리고 목적지인 당신의 원대한 비전을 입력하기 바란다.

비전 시각화하기

면접 과정에서 하는 가장 흔한 질문 중 하나는 "만약 우리 회사에 입사한다면 5년 혹은 10년 뒤에 당신은 어떤 모습일 것 같습니까?"라는 질문이다. 하지만 이 흔하고 전통적인 질문에 똑 부러지게 대답하는 면접자는 많지 않다. 질문의 의도는 면접관마다 여러 가지로 다를 수 있겠지만, 나는 '현재 자신의 강점과 약점을 정확하게 파악하고 현실성에 기반하여 커리어 플랜을 명확하게 가지고 있는가?'에 초점을 두고 질문을 한다.

그러나 대부분의 면접자들은 지원한 회사에 합격하는 것 이외에는 그 후에 무엇이 되고 싶은지 뚜렷한 생각이 없거나, 설령 있다고 해도 구체적이지 못한 경우가 대부분이다. 취업 준비라는 어렵고

힘든 현실 속에서 5년, 또는 10년 후의 삶에 대해서까지는 생각할 여유가 없었기 때문일 것이다.

상상하면 꿈은 현실이 된다

삶을 살아가는 데 있어 미래를 예측하고 계획하는 것은 현재의 의식주를 해결하는 것만큼이나 중요한 행위이다. 성공을 이룬 사람들은 대부분 미래의 상황을 구체적으로 상상하고 계획하는 습관이 몸에 배어 있다. 그리고 그러한 상상은 결국 현실이 된다. 입사 후 좋은 성과를 올리고 있는 한 직원이 면접 과정에서 했던 답변이 아직도 기억에 생생하다.

면접관: 만약 입사를 한다면, 당신은 5년 후 우리 회사에서 어떤 사람이 되어 있을 것 같습니까?

면접자: 저는 5년 뒤 한국 본사와 중국지사 사이에서 업무를 조율하는 중국지사의 주재원이 되어 있을 것 같습니다. 저는 대학에서 중국어를 전공하였고, 그 덕분에 중국 문화에 대한 이해도가 높습니다. 저는 책과 인터넷을 통해서 거의 매일 중국을 여행합니다. 중국의 역사와 문화, 그리고 그 안에서 생활하는 사람들과 소통하는 상상을 거의 매일 하고 있습니다. 그리고 중국지사가 있는 도시의 맛집 지도도 머리에 꿰고

있습니다. 입사 후 중국 출장의 기회가 주어진다면 그 맛집 지도의 가게들을 다 방문해보고 싶습니다.

1분도 안 되는 짧은 답변이었지만, 그때 느낀 감동을 아직도 기억한다. 그 직원은 결국 5년도 되기 전인 3년 만에 중국지사의 주재원으로 발령되었고, 5년이 지난 지금은 중국지사에서 한 사업 파트를 책임지는 파트장이 되어 일하고 있다.

이런 유명한 일화가 있다. 디즈니랜드의 설립자인 월트 디즈니(1901~1966)는 자신의 이름을 따 로스앤젤레스 외곽에 대규모 오락시설인 디즈니랜드를 개장(1955)했다. 그리고 이에 만족하지 않고 올랜도에 디즈니랜드의 100배가 넘는 크기의 디즈니 월드를 추진했다. 하지만 안타깝게도 그는 완공된 디즈니 월드를 보지 못한 채 세상을 떠나고 말았다. 폐암 진단을 받은 지 불과 한 달여 만이었다.

그가 세상을 떠나고 5년 뒤, 디즈니 월드가 드디어 개장하게 되었다. 첫 개장을 하는 날 많은 기자들이 고 월트 디즈니의 부인 디즈니 여사에게 물었다.

기자: 월트 디즈니 회장께서 이 멋진 광경을 보셨다면, 얼마나 좋으셨을까요?

디즈니 여사: 그는 이미 이 광경을 보았답니다. 그것도 아주 생생하게 말이죠.

이처럼 월트 디즈니는 생전에 자신이 만들고자 했던 디즈니 월드를 마치 실제 존재하는 것처럼 생생하게 머릿속으로 그리고 있었다고 한다. 건물의 지붕 색상과 바닥의 타일 패턴까지도 말이다. 월트 디즈니는 세상을 떠났지만, 세계 최고의 테마파크는 그가 세상을 떠난 지 5년 뒤에 그가 생생하게 상상했던 그 모습 그대로 탄생하게 되었다.

꿈은 어떻게 현실이 되는가?

이처럼 자신이 이루고자 하는 것을 머릿속으로 상상하는 것만으로도 우리는 놀라운 일을 경험할 수 있게 된다. 세계적 베스트셀러가 되었던 《시크릿》이라는 책에서는 이 법칙을 '끌어당김의 법칙'이라고 이야기한다.

신비스럽고 마법과도 같은 이 법칙을 나는 조금 다른 시각에서 바라보고 있다. 그것은 바로 뇌의 작용이라는 생각이다. 우리가 뇌에 긍정적인 신호를 지속적으로 반복하여 보내게 되면, 뇌는 긍정적 착각상태에 빠지게 된다. UCLA대 심리학과의 셸리 테일러(Shelley E. Taylor) 교수는 긍정적 착각상태는 동기부여에 매우 효과적이며, 장기적으로 성공의 길로 인도할 수 있다고 이야기했다.

이처럼 긍정적인 미래에 대한 상상은 우리의 뇌에 긍정적인 신호를 전달하고, 반복적인 긍정적 신호는 마치 그러한 상상이 사실인 것처럼 뇌에 인식되어 우리의 태도를 변화시킨다. 또한 상상만으로도 효과를 볼 수 있지만, 상상한 것들을 시각화하거나 문서화하면 뇌에 더 강한 자극을 줄 수 있다.

비전을 시각화하라

비전을 시각화하는 방법에는 몇 가지가 있지만, 이 책에서는 2가지 방법에 대해서 알아보자.

직접 경험하라

미국의 유명 영화감독 스티븐 스필버그의 청년 시절 일화이다. 우연한 기회에 유니버설 스튜디오를 구경하게 된 스필버그는 그 후 누구의 허락이나 동의도 없이 아버지의 가방과 양복을 입고 촬영장에 출근하기 시작했다. 그리고 촬영장 안에서 감독, 작가, 스태프들과 어울려 지냈다. 너무나도 자연스러운 그의 행동에 어느 누구도 그가 외부인이라고 의심하지 않았다.

어느 날 스필버그는 아무도 쓰지 않는 빈 사무실 하나를 발견하고, 그 방에 당당히 자신의 명판을 만들어 문에 걸고 자신의 사무실로 사용하였다. 그러면서 그는 자기가 아카데미 시상식에 참석하여 수상하는 미래의 모습을 생생하게 그렸다. 시간이 흐른 후 그는 결국 실제로 많은 이들이 사랑하는 세계적인 영화감독이 될 수 있었다.

만약 당신도 무엇인가를 간절히 원한다면 스필버그처럼 해보라. 예를 들어 삼성전자에 입사하고 싶다면, 아침 일찍 삼성전자 직원들과 함께 같은 지하철을 타고 같은 시간에 출근하여 본사 앞 게이트까지 함께 가보라. 그리고 삼성전자에 근무하는 사람들이 자주 가는 카페와 식당에서 같은 시간에 그들과 함께 식사를 해보는 것이다. 퇴근 시간에 맞춰 그들과 함께 퇴근도 해보자. 용기를 내어 지나가는 직원에게 짧은 인터뷰를 해보는 것도 좋은 방법이 될 수 있다. 이러한 상황이 반복되면 당신의 뇌는 어느새 삼성전자에 다니고 있다는 착각을 하게 되고, 삼성전자에 입사하기 위한 뇌 구조로 빠르게 변화할 것이다.

나만의 비전 보드를 만들어라

위와 같이 직접 경험하는 방법도 있지만, 간접적인 방법으로도 비전을 시각화할 수 있다. 우선 흰색의 4절지를 준비한다. 그리고 그 중앙에 자신이 가장 간절히 원하는 것을 이미지로 출력하거나 잡지 등에서 오려 붙인다. 또 그 꿈이 이루어졌을 때 나에게 주어지는 보상 이미지도 붙이는 것이 좋다. 고급스러운 외제 차여도 좋고, 명품 가방이어도 좋다. 내가 원하는 것이면 된다.

그다음은 나의 비전을 이루기 위해 단기적으로 계획한 목표들이 이루어진 이미지를 붙인다. 각각의 이미지 아래에는 그 이미지가 이루어지는 구체적인 마감기한을 간단히 기록해두자. 언제까지 목표를 이루겠다는 마음의 다짐이 될 수 있다.

이렇게 하나의 비전 보드가 완성되면 당신은 한 번도 경험해보지 못한 감정을 느낄 것이다. 그것은 바로 동기부여다. 심장이 뛰는 것을 느끼게 될 것이고, 할 수 있다는 자신감도 생길 것이다. 이미 당신은 절반의 성공을 거둔 것이나 다름없다. 완성된 나만의 비전 보드를 가장 눈에 잘 띄는 곳에 두고 매일같이 보며 상상하기 바란다.

10년 전 나의 비전 보드 한가운데에는 한 권의 책이 있었다. 그 책의 제목은 《성인 진로 학교》였다. 그리고 지금 나는 그 책의 저자가 되어 있다(책 제목은 《누구에게나 인생 직업은 있다》로 바뀌었다). 다음 목표는 이 학교의 교장이 되는 것이다. 그리고 그 학교의 학생들이 모두 행복한 성공을 거둘 수 있도록 교육하는 것이 내 목표이다.

당신의 비전 보드 중앙에는 어떤 이미지가 있는가?

상상한 미래를 현실로 만들어주는 미래일기 쓰기

요즘 영화나 드라마를 보면 타임워프(Time Warp)를 소재로 한 작품들이 자주 등장한다. 아마 이런 영화나 드라마를 보면서 '나도 과거나 미래로 여행을 할 수 있다면 무엇을 하고 어떤 선택을 할까?' 하고 재미있는 상상을 해본 적이 있을 것이다. 물론 현실에서는 그런 일이 이루어지기 어렵겠지만, 그렇다고 아주 방법이 없지는 않다.

이번 장에서는 상상에서만 가능했던 미래로 시간을 뛰어넘을 수 있는 방법을 알아보자.

미래는 스스로 만드는 것이다

미국의 기업가 피터 디아만디스(Peter Diamandis)는 "미래를 예측하는 가장 좋은 방법은 스스로 미래를 만드는 것이다"라고 말했다. 즉 미래는 운명처럼 이미 결정된 것이 아니라 스스로 만드는 것이라는 의미다.

예를 들어 지금 당신이 자리에서 일어나 집 앞 편의점에서 과자 한 봉지를 사올 것이라고 가정해보자. 현재는 집에 있는 상태지만, 미래는 편의점에서 과자를 사는 것이다. 의지만 있다면 당신은 분명히 편의점에서 과자를 살 것이고, 당신의 미래는 100% 계획과 일치할 것이며, 그 과자를 맛있게 먹는 즐거움까지 덤으로 얻게 될 것이다. 이렇게 당신이 결정만 한다면 당신의 미래는 상상으로 끝나는 것이 아니라 얼마든지 현실이 될 수 있다.

이 개념을 미래일기에 그대로 적용해보자. 내일 친한 직장동료와 맛있는 점심식사를 하고 싶다고 해보자. 현재는 내 방 안이지만, 미래는 회사에서 친한 동료와 맛있는 점심식사를 하는 것이다. 이제 당신이 할 일은 미래일기에 그 동료와 점심식사를 했다는 일기를 쓰는 것뿐이다. 그리고 내일 그 동료에게 가서 점심식사를 함께하자고 말하면 당신이 상상한 미래는 100% 현실이 된다.

엉터리라는 생각이 드는가? "그런 미래일기라면 얼마든지 쓸 수 있고, 쓴 내용의 대부분을 다 이룰 수 있겠지"라고 말이다. 맞다. 당신의 말이 정답이다.

미래에 당신이 원하는 무엇인가를 기록하고, 그것을 이루기 위한 행동을 한다면 그것은 결국 미래의 상상이 아니라 현실이 된다. 즉 미래는 당신의 의지에 따라 얼마든지 당신이 원하는 대로 만들 수 있다.

물론 내 의지로는 도저히 이룰 수 없는 미래를 꿈꾼다면, 그것은 망상에 불과하다. 예를 들어 내일 당장 주식이 30% 오르는 미래를 상상한다거나 로또복권 1등에 당첨되는 미래를 원한다면, 그런 것은 그저 상상으로 끝내길 바란다.

미래일기 쓰는 방법 3단계

그럼 지금부터 미래일기를 쓰는 방법에 대해서 알아보자.

처음이니만큼 너무 먼 미래가 아니라 곧 다가올 내일이나 이번 주에 대한 미래일기를 작성하도록 한다. 처음부터 너무 먼 미래일기를 쓰게 되면 달성 여부를 판단하기 어려울 뿐만 아니라, 결국 기다리다 지쳐 포기하거나 그로 인해 실패할 확률이 높아지기 때문이다.

1단계: 미래여행 계획 세우기

여행을 떠나기에 앞서 목적지를 정하고 무엇을 할지 계획하는 단계이다. 일기를 쓰기 위한 소재를 계획하는 단계로, 실제 여행을 계획할 때와 똑같은 방법으로 계획을 세운다.

목적지가 놀이동산이라면 언제 갈 것인지, 그리고 누구와 갈 것인지, 어떤 놀이기구를 타고, 점심으로는 무엇을 먹을 것인지 등을

5분 내외로 상상하여 계획한다.

앞서 이야기한 것처럼 너무 먼 미래의 여행보다는 일주일 내외의 미래여행을 염두에 두고 계획하면 된다.

2단계: 미래여행 떠나기

실제 여행을 하는 것처럼 눈을 감고 머릿속으로 상상을 하는 단계이다. 내가 가고자 하는 미래의 어느 시점에 실제로 있다고 상상하고, 1단계에서 계획한 대로 그 안에서 내가 무엇을 하고 누구를 만날 것인지 생각하면 된다.

유의할 점은 아주 구체적이고 상세하게 상상해야 한다는 것이다. 연인과 놀이기구를 타는 과정에서 온몸에 물이 튀었다면, 물에 젖었을 때의 느낌까지도 실제 상황처럼 생생하게 상상한다. 또 츄러스를 먹었다면, 츄러스 특유의 계피 향과 설탕의 달콤함까지도 상상해보는 것이다. 이렇게 오감으로 느껴지는 모든 감정과 느낌을 생생하게 상상해야 한다.

3단계: 미래일기 작성하기

즐거운 여행을 마쳤다면, 이제 미래일기를 쓸 차례이다. 미래일기라고 해서 특별히 어렵거나 형식이 다르지는 않다. 이미 당신은 상상 속에서 오늘 하루 연인과 함께 놀이공원에서 즐거운 여행을 하지 않았는가? 오늘 실제로 있었던 일처럼 자연스럽게 일기를 쓰면 된다.

유의해야 할 점은 긍정적인 내용으로 써야 한다는 것이다. 그리고 실제 일기처럼 과거형과 현재형으로 쓴다. '마치 이 일이 실제 일어난 것처럼' 말이다.

"오늘은 기다리던 여자친구와의 100일이 되는 날이다. 어제까지 비가 와서 걱정했는데, 다행히 오늘 아침 날씨는 매우 좋았다. 여자친구를 기다리는 동안의 아침 공기는 너무 상쾌했고, 이어폰에서 흘러나오는 메간 트레이너(Meghan Trainor)의 감미로운 음악 'Here to stay'는 그녀를 기다리는 나의 마음을 더 즐겁게 했다."

이렇게 너무 멀지 않은 미래의 일을 상상하면서 미래일기를 쓰는 것에 익숙해지면, 그다음은 당신의 진로계획에 맞추어 미래일기를 작성한다. 회사에 첫 출근한 날을 상상하며 미래일기를 쓰거나, 해외 출장을 가서 일어나는 일들을 상상하며 수시로 미래일기를 쓰는 것이다.

우리의 뇌는 의외로 단순해서 구체적인 상상을 반복하는 것만으로도 실제 경험한 것과 같은 효과를 얻을 수 있다. 운동선수나 연주가들의 트레이닝 방법 중 하나인 이미지트레이닝도 이와 같은 원리이다. 지금은 단지 미래에 대한 상상일지 몰라도, 1년 후에는 당신이 쓴 1년 전의 미래일기가 당신의 미래를 예측한 노스트라다무스의 예언서가 되어 있을 것이다.

죽기 전에 정말 하고 싶은 버킷리스트 작성하기

꿈 너머의 꿈을 찾아서

'꿈'에 대해서 이야기하면 우리는 흔히 직업적인 부분을 먼저 떠올리곤 한다. 어린 학생들에게 "넌 꿈이 뭐니?"라고 물어보면 대다수의 학생들은 "가수요", "축구선수요"라며 미래에 갖고 싶은 직업을 말하는 경우가 많다. 성인들도 마찬가지다. "당신의 꿈이 뭔가요?"라고 질문을 던지면 대부분은 "꿈이 없는데요", "나이가 몇인데 꿈 타령인가요?"라며 시큰둥한 반응을 보인다.

면접 과정에서도 비슷한 상황을 자주 접하게 된다. 대부분의 면접자들은 우선 회사에 입사하는 것이 꿈이고, 그다음은 회사에서 인정받는 사람이 되는 것이라고 말한다.

물론 미래의 직업도 꿈이 될 수 있다. 그러나 인생을 살면서 죽기 전에 이루고 싶은 꿈이 고작 직업적으로 성공하는 것뿐이라면 당신의 인생이 너무 허무하고 슬프지 않은가?

현재를 살아가고 있는 우리는 직업적 성공을 이루기 위해, 아니면 내가 지켜야 할 사람들의 행복을 위해 앞만 보고 열심히 달려왔다. 부모님을 기쁘게 해드리거나 가족을 행복하게 하기 위해서 밤새워 공부하고 취업 준비를 했으며, 회사에서 인정받고 자기 분야에서 성공하기 위해 노력해왔다. 하지만 한번 생각해보자. 혹시 이렇게 앞만 보고 달려온 탓에 다른 소중한 가치를 놓치고 있지는 않은지 말이다. 지금까지 살아오면서 어쩔 수 없이 해야만 했던 일이 아니라, 생각만 해도 가슴이 뛰는, 정말 하고 싶은 일은 없었는지 스스로 물어보는 시간을 갖도록 하자.

잭 니콜슨(에드워드 콜)과 모건 프리먼(카터 챔버스)이 주연한 영화 〈버킷리스트: 죽기 전에 꼭 하고 싶은 것(The Bucket List)〉은 시한부 인생을 선고받은 억만장자 에드워드 콜과 정비사 카터 챔버스가 우연히 만나, 죽기 전에 하고 싶은 버킷리스트를 함께 이루어가는 이야기를 재미있게 그렸다. 감독은 이 영화에서 물질적 성공을 위해 가족에게도 소홀한 채 앞만 보며 살아온 에드워드와, 가족에게 헌신하며 자신에 대해서는 소홀했던 챔버스를 통해 지금의 우리 모습을 상징적으로 보여준다.

우리는 아직 살아갈 날이 많이 남았다고 착각한다. 그래서일까. 대부분의 사람들은 똑같은 하루하루를 관성처럼 살아가면서, 지금은 아니지만 언젠가는 내가 원하는 무엇인가를 할 것이라는 막연한 기대로 살아간다. 하지만 정작 본인이 무엇을 원하고, 무엇을 할 것인지에 대해서는 깊게 생각하지 못한다. 결국 영화의 두 노인처럼 죽음을 앞둔 시점이 되어서야 살아온 날을 후회할 뿐.

하지만 아직 늦지 않았다. 모르긴 몰라도 아마 당신은 살아온 날보다 앞으로 살아갈 날이 더 많을 것이다. 당신은 '죽기 전에 꼭 하고 싶은 것'이 있는가? 지금 한번 생각해보자. 어린 시절 내가 해보고 싶었던 것은 무엇이었는지, 그리고 어디를 가보고 싶은지, 또 누구를 만나고 싶은지, 한 번쯤은 현실에서 잠시 벗어나 내가 정말 이루고 싶은 것들을 생각해보자.

나만의 멋진 버킷리스트 작성하기

지금부터 영화의 두 주인공이 그랬던 것처럼 죽기 전에 정말 하고 싶은 당신만의 버킷리스트를 작성해보자.

1단계: 마음껏 상상하고 마음껏 써라

누구의 눈치도 보지 말고, 가능한지 불가능한지도 생각하지 말고, 그냥 의식의 흐름대로 써본다. 1단계에서는 무엇을 적을 것인가보다 얼마나 많이 적을 것인가가 더 중요하다.

버킷리스트라고 해서 인생을 좌우할 만큼 거창한 일이어야 할 필요는 없다. 서울 한강에서 한 번쯤 유람선을 타보고 싶었다면 그

것 역시 버킷리스트의 항목으로 충분하다.

2단계: 세부적으로 분류하라

생각을 정리하는 단계이다. 무질서하게 써 내려간 버킷리스트를 각각의 바구니 안에 담는 과정이다. 하고 싶은 것, 가고 싶은 곳, 만나고 싶은 사람, 먹고 싶은 것, 갖고 싶은 것 등 5가지로 분류하여 종이에 옮겨 적어보자. 머릿속의 막연한 생각들이 정리되는 효과를 얻을 것이다.

3단계: 신중히 고민하라

세부적으로 분류했다면 이제 각각의 바구니 안의 버킷리스트를 비교해가면서 정말 내가 간절히 원하는 것인지 판단해보자. 가슴을 뛰게 할 정도의 버킷리스트가 아니라면 과감하게 지운다. 내용이 그럴싸하고 멋있어 보여도 당신의 가슴을 뛰게 하지 못한다면 아무짝에도 쓸모가 없다.

4단계: 마감기한을 정하라

마감기한이 없는 계획은 망상에 불과하다. 작성한 버킷리스트에 언제까지 달성할 것인지 구체적인 기간을 하나하나 적어본다. 내일 당장 국토대장정을 하겠다는 식으로 호기에 찬 기간 설정은 도리어 독이 될 수 있다. 진지하게 고민하고 현실적인 기간을 적는 것이 포인트다.

| 나만의 버킷리스트 |

달성 여부	버킷리스트	달성 시점	비고
★	나 홀로 강원도에 2박 3일 캠핑 가기	2020년 8월	
★	가족과 함께 동유럽 여행 가기	2021년 10월	
	아이패드 프로 12.9형 모델 구입하기	2021년 3월	
	대한항공 승무원 시험 합격하기	2022년	
★	예쁜 강아지 키우기	2020년	

5단계: 눈에 띄는 곳에 두고 달성 여부를 수시로 체크하라

버킷리스트 작성을 단순히 꿈 만들기 체험활동 정도로 생각해서는 안 된다. 또 서랍에 넣어두거나 컴퓨터 폴더 안에 담아두지 말고, 출력하여 눈에 잘 보이는 곳에 붙여놓거나 자주 사용하는 다이어리에 적어두고 수시로 달성도를 체크한다. 버킷리스트가 달성될 때마다 표시하면서, 달성한 것과 앞으로 달성해야 할 것을 구분하는 것도 좋은 방법이다.

버킷리스트는 그 자체에 어떤 중요한 의미가 있는 것은 아니다. 버킷리스트를 만들고 그 리스트를 계속 상상하면서 하나씩 달성해 나가는 것이 중요하다. 그래야만 어제와 같은 오늘, 오늘과 다르지 않은 내일을 사는 무기력한 삶에 활력을 불어넣을 수 있는 촉매가 될 수 있다. 매일매일 반복되는 삶에 지친 당신이라면 지금 당장 자신만의 버킷리스트를 만들어보자.

과거, 현재, 미래를 담은 인생 그래프 작성하기

앞에서 우리는 미래를 예측하고 설계하는 방법에 대해서 이야기했다. 중요한 것은 불확실한 미래이지만 확고한 의지만 있다면 얼마든지 내가 원하는 대로 만들어갈 수 있다는 점이다.

하지만 미래를 제대로 설계하기 위해서는 과거와 현재의 삶에 대해서도 점검해야 한다. 과거와 현재가 없는 미래는 존재할 수 없으므로, 미래만 따로 분리해서 생각한다면 좋은 비전을 수립할 수 없다. 생의 주기와 그 시점에 발생한 사건을 통해서 인생을 되돌아보는 시간을 가져보도록 하자.

아마 한 번쯤은 인생 그래프에 대해서 들어본 적이 있겠지만 실제로 인생 그래프를 만들어본 사람은 많지 않을 것이다. 이번에는 인생 그래프를 작성해보자.

인생 그래프의 긍정적 영향

인생 그래프란 자신의 과거로부터 현재까지의 모습을 그래프로 그려봄으로써 그동안 살아온 삶을 되돌아보고, 자신을 이해하는 기회를 제공하는 미술치료 기법 중 하나이다. 인생 그래프는 크게 다음과 같은 3가지 긍정적인 효과를 가지고 있다.

과거를 좀 더 넓게 바라볼 수 있도록 해준다

당신이 지금까지 살아온 삶은 어땠는가? 순탄한 삶이었는가, 아니면 힘든 고난의 삶이었는가?

인간은 본능적으로 힘들고 위험한 상황을 오래 기억하는 습성을 가지고 있다. 그래야 다음에는 그런 상황을 피할 수 있기 때문이다. 그래서일까? 대부분의 사람들은 과거의 기억을 떠올리라고 하면 힘들었던 기억, 괴로웠던 기억을 먼저 떠올린다. 그래서 자신의 삶이 대부분 힘들었다는 생각에 빠지는 경우도 많다. 인생 그래프는 이러한 착오를 교정해주며, 과거의 어느 지점에서 실제로 행복했었고, 또 힘들었는지 알아볼 수 있는 좋은 도구가 된다.

경험 DNA를 찾을 수 있도록 해준다

우리는 인생을 살아오면서 수많은 시련에 맞닥뜨렸다. 가족이 많이 아팠던 경험, 대학 입시에서 좌절했던 경험, 취업의 문턱에서 고배를 마셔야 했던 경험 등 크고 작은 시련이 찾아왔지만, 당신은 그 시련을 멋지게 극복해왔다.

인생 그래프는 이러한 경험들을 되짚어보고 그 안에서 당신이 어떻게 시련을 극복했는지 상기시켜주며, 그때의 경험과 능력을 되살릴 수 있도록 해준다.

미래를 밝혀주는 등불이 된다

우리는 과거로부터 많은 것들을 배운다. 과거의 경험을 통해 현재를 살아가는 지혜를 배우고, 미래를 예측할 수 있는 통찰력을 얻기도 한다. 우리가 역사를 공부하는 것도 이런 이유에서이다.

인생 그래프는 과거의 경험을 통해서 미래를 밝혀주는 등불이 되어준다.

인생 그래프 그리기

지금부터 본격적으로 인생 그래프를 만들어보자. 아래의 사항들을 참고하여 자신의 인생 그래프를 그려보고, 삶을 되돌아보는 의미 있는 시간을 가져보자.

기억 소환하기

먼저 해야 할 것은 과거의 기억을 소환하는 단계이다. 조용한 공간에서 눈을 감고, 어린 시절부터 시간의 흐름에 따라 그동안 살아온 삶을 되돌아본다. 유치원 때의 기억, 초등학교 때의 기억, 중고등학교 시절의 기억을 소환해보고, 성인이 되어서의 기억들도 떠올려보자.

이때 유의해야 할 점은 학교에서 공부하던 기억이나 집에서 가족과 밥을 먹은 기억, 친구와 PC방에서 게임하던 기억과 같이 일상적인 기억보다는 특정한 에피소드를 중심으로 좋았던 기억과 나빴던 기억을 불러와야 한다는 것이다. 예를 들면 시험에 합격했던 기억, 가족이 아팠던 기억처럼 인생의 터닝포인트가 되었던 주요 사건들 위주로 떠올리는 것이 좋다. 이러한 과정을 통해서 자신의 삶을 되돌아보는 기회를 얻을 수 있다.

그래프 그리기

인생 그래프는 기본적으로 시간의 흐름에 따라 좋았던 경험과 나빴던 경험을 기록하는 도구이다. 가로축에는 시간의 주기를 적고, 세로축에는 감정의 좋고 나쁨의 정도를 적어넣으면 된다.

- 가로축(시간)

시간의 단위는 개인마다 정하기 나름이지만, 보통 성인의 경우에는 유년 시절의 기억이 많지 않으므로 유년기는 과감하게 생략하고 청소년기, 청년기, 장년기, 노년기로 구분하여 작성하는 것도 좋다. 눈금의 단위는 나이와 같은 1년 단위가 적당하다. 그보다 촘촘

하면 작은 부분들에 매달리다 큰 것을 놓칠 수도 있기 때문이다.

• 세로축(감정)

수평선을 기준으로 위쪽은 좋은 감정, 아래쪽은 나쁜 감정을 기록한다. 즉 매우 좋았던 감정의 상태라면 맨 위에 점을 찍고, 반대로 최악의 나쁜 감정이라면 맨 아래에 점을 찍는다.

세로축에 감정의 정도를 1~10까지 1점 단위로 구분해놓으면 좋다.

에피소드 기록하기

이렇게 인생 그래프의 틀을 만들었다면 다음은 틀 안에 내용을 기록하는 단계이다. 기억 소환을 통해 끄집어낸 기억의 조각들을 퍼즐처럼 시간의 순서에 따라 작성해본다.

이때 각각의 에피소드를 간단한 키워드로 만들 수 있다. 예를 들어 19세에 대학교 입시에서 안타깝게도 낙방한 일이 있다면, 가로축의 19세에 해당하는 부분 하단에 감정의 정도에 따라 -1~-10까지의 위치에 점을 찍고, '대학입시 낙방'이라는 키워드를 적으면 된다. 이런 식으로 시기별로 모두 키워드를 입력하고, 각 키워드의 옆에 좋았던 이유와 나빴던 이유를 간단히 적는다. 나쁜 에피소드에 대해서는 어떻게 그 상황을 극복했는지도 함께 기록한다. 다 기록한 뒤에는 각각의 점들을 하나의 선으로 연결하면 된다.

| 나만의 인생 그래프 |

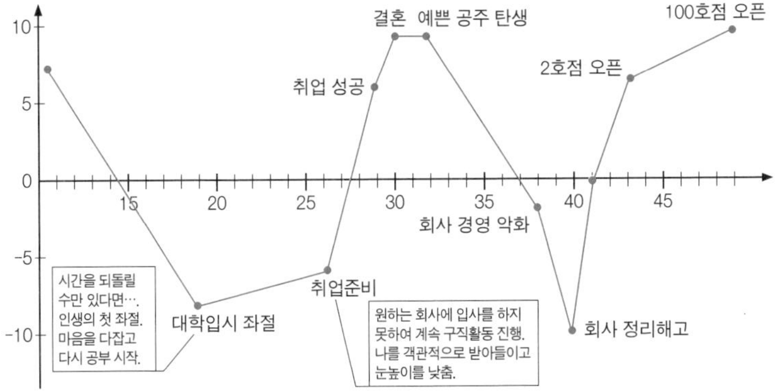

미래 인생 그래프 그리기

이렇게 인생 그래프를 그리는 이유는 바로 미래의 인생 그래프를 그리기 위한 것이기도 하다. 그만큼 미래의 인생 그래프가 중요하다는 말이다. 과거와 현재의 인생 그래프를 그렸다면, 이번에는 다가올 미래는 어떤 모습일지 같은 방법으로 작성해보자.

희망찬 미래를 계획하는 것이 목적이므로, 미래의 그래프는 긍정적인 그래프로 그려야 한다. 과거와 현재의 교훈을 통해서 보다 멋진 미래의 인생 그래프를 디자인해보자.

인생 그래프는 이처럼 지금까지 살아온 인생을 되돌아보면서 정리할 수 있을 뿐만 아니라, 불확실한 미래에 대해서도 자신감을 불어넣어주는 훌륭한 도구다. 지금 마음이 복잡하고 무엇을 해야 할지 모르겠다면, 삶을 되돌아보며 인생 그래프를 작성하는 것이 도움이 될 것이다.

주변 사람에게 비전 선언하기

1919년 3.1운동 당시 민족대표 33인의 이름으로 선언한 〈기미독립선언서〉의 한 구절은 다음과 같다.

"우리는 이에 우리 조선이 독립한 나라임과 조선 사람이 자주적인 민족임을 선언한다. 이로써 세계 만국에 알리어 인류 평등의 큰 도의를 분명히 하는 바이며, 이로써 자손만대에 깨우쳐 일러 민족의 독자적 생존의 정당한 권리를 영원히 누려 가지게 하는 바이다."

당시 조선이 실제 자주독립을 이루지는 못했지만, 기미독립선언은 독립에 대한 우리의 강한 의지를 전 세계에 널리 알렸다는 점에서 큰 의미가 있다.

이렇게 한 나라의 독립을 선언하는 독립선언처럼, 당신의 비전을 선언해보는 것도 앞으로의 삶을 살아가는 데 있어 의미 있는 일이다. 비전 선언을 통해 미래의 진로 방향을 설정할 수 있고, 마음가짐도 새롭게 다질 수 있기 때문이다.

나의 비전을 머리가 아닌 종이에 적어라

미국의 경제학자 마크 맥코맥(Mark Hume McCormack)은 저서 《하버드에서도 가르쳐주지 않는 것들》에서 하버드 경영대학원 졸업생을 상대로 흥미로운 설문조사를 진행하였다.

그의 질문은 다음과 같았다. "장래에 대한 명확한 목표를 정해두었는가? 그렇다면 그 목표를 기록해두었는가? 그 목표를 달성하기 위한 구체적인 행동계획이 있는가?"

조사 결과는 어땠을까? 앞의 표에서 그 결과를 보자. 어떤가? 하버드대 학생들이라 뭔가 특별한 대답이 나올 줄 알았는데, 생각보다는 실망스러운 결과라는 생각도 든다. 하지만 중요한 내용은 지금부터이다. 그는 10년 뒤 이 설문에 응답한 사람들을 다시 만나보았다.

결과는 놀라웠다. 목표를 구체적으로 설정하고 그 내용을 종이에 써보았다고 답한 3%의 사람들은 그렇지 않은 97%의 사람들에 비해서 무려 10배 정도의 수익을 올리고 있다고 응답했다. 또 그들은 사회적으로도 남들이 부러워할 만한 직업을 가지고 있었다.

| 하버드대 설문조사 |

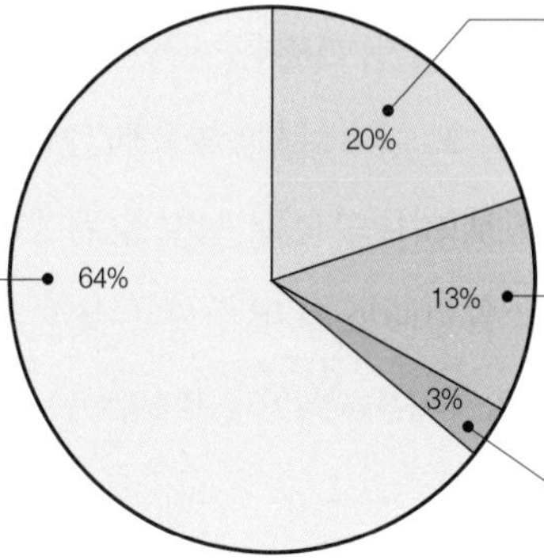

비전선언문 만들기

위의 결과에서도 알 수 있듯이, 비전을 구체화하는 것은 매우 중요하며 그 효과 또한 강력하다.

우리도 지금까지 수업해온 비전에 대한 내용들을 정리하면서 직접 종이에 나만의 비전선언문을 적어보자. 그냥 대략적으로 적는 것보다 아래의 3단계를 통해 좀 더 구체적이고 명확하게 기록하는 것이 더욱 효과적이다.

1단계: 비전 수립하기

비전선언문을 만들기 위해서는 먼저 자신만의 비전을 수립해야 한다. 이미 앞에서 설명했던 것처럼 비전은 첫째, 나의 소명을 이루는 비전, 둘째, 나와 타인을 이롭게 하는 비전, 셋째, 목표 너머의 목표를 이룰 수 있는 비전이라는 3가지 조건을 충족해야 한다. 또한 무엇(일, 직업)을 통해서 이 비전을 이룰 것인지도 함께 포함되어야 한다.

2단계: 구체적인 계획 세우기

비전을 수립했다면 이번에는 구체적인 세부 목표를 정해야 한다. 이때 달성 기간을 명확히 하는 것이 중요하다. 미래에는 100세 시대를 넘어 한도를 정하기 어려울 정도로 수명이 늘어날 것이라는 전망이 많다. 그러므로 적어도 100세까지는 건강한 삶을 살 수 있다는 전제하에 목표를 정한다.

비전을 이루기 위한 세부 목표는 1차적으로 지금으로부터 5년 후의 목표를 정하고, 이후로는 10~20년 주기로 정하면 된다.

3단계: 긍정주문 만들기

나만의 긍정주문을 만들어, 매일 아침 거울을 보면서 큰 소리로 외쳐보자.

"나는 소중한 존재이다. 나는 훌륭한 존재이다. 고로 나는 할 수 있다!"와 같이 긍정과 확신이 들어간 문장으로 작성하고, 소리 내어 말할 수 있도록 간결한 것이 좋다.

비전선언문 하단에 적어두고 수시로 외친다면, 이 주문은 당신의 비전을 이루어줄 마법의 주문이 될 것이다.

완성된 비전선언문은 SNS나 주변 사람을 통해 널리 알린다. 자

| 비전선언문 |

나 ○○○의 비전은
대한민국의 모든 청년이 올바른 진로를 선택할 수 있도록 조력하는 진로 코칭 전문가가 되는 것이다.
이 비전을 이루기 위해
첫째, 2025년까지 5권의 진로 서적을 출간할 것이다. **둘째,** 2030년까지 청년 진로 교육기관을 설립하여 1,000명의 진로 코칭 전문강사를 양성할 것이다. **셋째,** 2035년까지 대한민국 청년 일자리 정책에 영향력을 줄 수 있는 위치에 오를 것이다.
나는 언제나 자신 있고, 언제나 잘할 수 있으며, 언제나 행복하다.

신의 자랑스러운 비전을 부끄러워하거나 숨기려고 한다면 그 비전은 결코 이루어지지 않는다.

"나는 대단한 능력을 가지고 있는 존재이며 나의 비전은 반드시 이루어진다"라는 믿음으로 당당하게 비전을 선언하자.

성공법칙:
성공 = P(Plan) + D(Do) + S(See)

경영기법 중 하나인 'P(Plan)+D(Do)+S(See)'는 각각의 뜻 그대로 계획하고, 실행하고, 관찰하는 과정을 말한다. 비전에 대한 이야기를 하다가 왜 뜬금없이 경영학 용어를 이야기하는지 의아할 것이다.

이유는 간단하다. 지금 이 책에서 비전을 논하는 것은 아름다운 동화 속 꿈과 같은 이야기를 하기 위해서가 아니기 때문이다. 기업이 치열한 경쟁에서 살아남기 위해 P(Plan)+D(Do)+S(See)를 경영에 활용하는 것처럼, 당신도 사회라는 무한경쟁의 장에서 살아남기 위해서는 자기 자신을 경영해야 한다. 스스로의 CEO가 되어서 인생의 비전을 정하고, 그 비전을 달성하기 위한 계획을 수립해야 하며, 수립한 계획을 실천하고, 그 결과를 토대로 잘된 부분과 잘못된 부분을 분석하여 개선하고 강화해야만 비로소 당신이 원하는 성공을 이룰 수 있다. 그러면 P(Plan)+D(Do)+S(See)에 대해서 좀 더 자세히 살펴보자.

PLAN_구체적인 계획을 수립하라

비전은 인생의 목적지와도 같다. 그렇기 때문에 단 하나의 목표 달성을 통해서 그 비전을 이루기는 불가능에 가깝다. 레스토랑에서 스테이크를 먹을 때 한입에 먹기 좋도록 자르는 것처럼, 비전을 이루기 위해서는 달성 가능한 수준의 작은 단위로 쪼개는 것이 중요하다. 예를 들어 토익시험 점수가 400점인 학생이 단번에 950점을 받기는 쉽지 않다. 이런 경우에는 최소 3단계 정도로 나누어 1차 시험에서는 600점, 2차 시험에서는 800점, 3차 시험에서는 950점을 받겠다는 계획을 세우고 노력해야 목표 달성이 수월해진다.

이처럼 목표를 설정하고 달성하기 위한 방법 중에 SMART 기법이 있다. SMART 기법은 조지 도란(George T. Doran)이 1981년에 〈There's S.M.A.R.T. Way to Write Management Goals and Objective〉라는 글을 통해 처음 제시한 목표 수립 기법으로, 이를 이용하여 실행계획을 수립하면 좀 더 체계적으로 계획을 세울 수 있다. 세월이 지나면서 S.M.A.R.T의 의미는 조금씩 다르게 활용되고 있는데, 나는 S.M.A.R.T를 다음과 같이 적용하였다.

| SMART 기법 |

Specific 구체적으로
Measurable 측정 가능하며
Action oriented 활동 지향적으로
Realistic 현실적이게
Timely 기간을 정하여

그러면 이번에는 SMART 기법을 활용하여 토익점수 향상을 위한 계획을 수립해보자.

Specific: 구체적으로

단순히 몇 점을 올리겠다고 목표설정을 하는 것이 아니라, 'LC는 ○○점, RC는 ○○점 향상'과 같이 구체적으로 설정해야 한다.

Measurable: 측정 가능하며

목표를 설정할 때에는 측정이 가능하도록 수치화하여 설정해야 한다. 예를 들어 단순히 '토익점수 향상'이라고 목표를 설정하는 것이 아니라, '토익점수 300점 향상'과 같이 측정이 가능하도록 설정한다.

Action oriented: 활동 지향적으로

단순히 열심히 하겠다는 의지만으로는 토익점수를 향상시킬 수 없다. 따라서 언제 학원에 등록할 것이고, 몇 개월간 다닐 것이며, 하루에 몇 시간을 할애하여 공부할 것인지 등 구체적인 활동 계획을 수립해야 한다.

Realistic: 현실적이게

처음부터 비현실적으로 높은 목표를 설정하면 달성하기 어려울 뿐만 아니라, 시도조차 하기 어렵다. 따라서 목표는 달성이 가능할 정도로 단계를 나누어 설정해야 한다.

Timely: 기간을 정하여

마감기한이 없는 목표는 한낱 망상에 불과하다. '토익점수 300점 향상'이라는 목표를 평생에 걸쳐 준비한다면 이미 그것은 목표로써의 역할을 할 수 없다. 따라서 목표를 설정할 때는 달성 여부를 수시로 파악할 수 있도록 단위를 1년이 넘지 않도록 나누어 세부목표를 설정해야 한다.

이렇게 목표를 잘게 쪼개고, 점수를 LC와 RC로 구체적으로 구분하여 현실적으로 올릴 수 있는 점수를 목표로 정하고, 본인의 일정을 고려하여 시간 계획을 세워야만 목표 달성 과정에 대한 부담을 줄일 수 있으며, 실행 후의 결과에 대해서도 보다 객관적으로 측정할 수 있다.

| SMART 기법을 활용한 목표 수립 예시 |

구분	2020.2.9	2020.5.16	2020.7.26	2020.9.27	2020.11.08	2020.12.20
LC	400	430	450	450	460	470
RC	200	250	300	350	400	430
합계	600	680	750	800	860	900

현재 토익 점수 600점을 900점으로 향상하기 위한 계획

DO_즉시 실행하라

SMART 기법에 따라 세부적인 계획을 세웠다면, 주저하거나 미루지 말고 즉시 실천에 옮기는 것이 중요하다. "구슬이 서 말이라도 꿰어야 보배"라는 속담처럼 아무리 계획을 잘 세웠다 하더라도 실천에 옮기지 않으면 아무 소용이 없기 때문이다.

성공한 사람은 "지금", "즉시", "당장", "바로"라는 말을 많이 사용하지만, 실패한 사람은 "내일", "다음에", "잠시만", "나중에"라는 단어를 더 많이 사용한다. 토익점수를 900점으로 끌어올리겠다는 계획을 세웠다면 지금 당장 책상에 앉아야지, "다음주에 친구들과 약속한 여행을 다녀오고 난 후에 공부를 시작해야지"라고 생각하면 여행을 다녀온 후에는 "피곤하니까 다음주부터 시작해야지", "2월이니까, 3월에 학기가 시작되면 그때 새롭게 시작해야지"와 같이 계속 미루게 되고, 결국 그 목표는 절대로 이룰 수 없다.

의지와 실행력이 강한 사람이라면 어렵지 않게 실천에 옮길 수 있겠지만, 대부분의 사람들은 계획을 실천에 옮기지 못하고 포기하게 된다. 그렇기 때문에 계획을 실천에 옮기기 위해서는 실행과정

을 정형화·패턴화하고 결과에 따른 보상체계를 수립하여 내 몸이 익숙해질 수 있도록 습관화해야 한다.

즉 토익시험 준비를 시작했다면 요일과 시간을 정형화하여 내 몸이 익숙해질 수 있도록 하고, 기간과 시간을 차츰 늘려나가는 것이 좋다. 또한 단기 목표의 성과에 따라 보상과 처벌 규정을 만들어, 목표한 토익점수를 달성했을 때 '영화 한 편 보기'나 '나에게 작은 선물 주기' 등으로 보상을 하는 것도 좋다.

반대로 목표 점수를 달성하지 못했다면 '공부 시간 30분 더 늘리기' 등 자극이 될 수 있는 처벌을 스스로에게 부과하면 좋다. 결과에 대한 보상과 처벌을 본인 스스로가 결정함으로써 더욱 동기부여가 될 수 있다.

SEE_수시로 측정하고 피드백하라

현대 경영학을 창시한 경영학자 피터 드러커(Peter Ferdinand Drucker)는 저서 《피터 드러커의 자기경영노트》에서 "측정할 수 없으면 관리할 수 없고, 관리를 할 수 없으면 개선시킬 수 없다"라는 명언을 남겼다. 이 짧은 문장은 내 삶의 가장 중요한 성공지침 중 하나이기도 하며, 개인적으로도 무척 좋아하는 말이다.

이 말과 같이 목표를 측정하려면 수치화하는 과정이 필요한데, 그러기 위해서는 먼저 목표를 객관화시켜야만 한다. PLAN 단계에서 목표를 현실적이고 구체적이며 측정이 가능한 수준으로 설정해야 한다고 이미 언급했다. 만일 막연하게 '토익 고득점', '토익점수 향상'처럼 목표를 수치화하지 않으면 이후 결과를 측정할 수 없고, 결과에 대한 피드백도 할 수 없다. 2차 토익시험에서 RC 점수가 목표보다 낮게 나왔다면 원인을 분석하여 그 원인이 공부 시간이라면, RC에 조금 더 많은 시간을 할애하거나 전체 공부 시간을 늘려서 다음 시험에서 RC 점수를 올릴 수 있도록 전략을 세울 수 있다.

이처럼 P(Plan)+D(Do)+S(See)의 3단계를 대입한다면 좀 더 빨리 당신의 비전에 다가서게 될 것이다.

성공하고 싶은가? 그렇다면 Plan, Do, See하라!

4장

나에게 딱 맞는 직업 탐색의 노하우

다양한 직업 세계를 탐색하라

사회가 급격히 변화하면서 직업의 세계도 하루가 다르게 변화하고 있다. 이러한 환경에서 다양한 직업의 세계를 이해하는 것은 진로 선택 과정에서 매우 중요하다. 빠르게 변화하고 있는 직업 세계를 알아보고, 앞으로 직업을 선택하는 데 있어 어떤 부분을 고려해야 할지 알아보자.

직업 세계가 변화하고 있다

10년이면 강산도 변한다는 말이 있지만, 지금 우리가 살고 있는 시대는 1~2년만 지나도 사회가 크게 변화하는 것을 체감할 수 있다. 낡은 건물이 있던 자리에는 어느새 고층 건물이 들어서고, 그 안에는 새로운 창업 아이템으로 무장한 다양한 프랜차이즈 상점들이 입점한다. 거리에는 새로운 도로와 교량이 깔리고, 그 위로 전동스쿠터와 자율주행이 가능한 전기차가 지나간다. 가정에서 거실 소파에 앉아 함께 TV를 보던 가족들은 이제 각자의 공간에서 유명한 인플루언서가 등장하는 유튜브 방송을 스마트폰으로 시청하거나, 넷플릭스 영화를 감상한다.

이러한 사회의 변화는 직업 세계에도 큰 변화를 가져오고 있다. 1969년 대한민국 최초의 직업사전에 등록된 직업의 수는 고작 3,260개에 불과했다. 그러나 20년 후인 1986년이 되면서 직업의 수는 8,900개로 늘었다. 강산이 2번 변하는 사이 직업의 종류도 2배나 늘어난 것이다.

그렇다면 지금은 과연 몇 개의 직업이 존재할까? 2018년 말 기준으로 12,145개의 직업이 등록되어 있다. 유사직업의 수까지 합하면 그 수는 16,442개로 늘어났다. 1969년 최초의 직업사전에 등록된 직업 수에 비해 무려 5배나 많은 직업이 새롭게 등장한 것이다. 이처럼 과학과 IT 기술의 급속한 발전과 그로 인한 삶의 변화로 과거의 직업들은 소멸, 통합, 분화의 과정을 거쳐 새로운 직업으로 재탄생하고 있다.

이제는 인터넷 검색을 통해서 다양한 직업들에 대해서도 쉽게 확인할 수 있다. 정부, 지자체별로 다양한 직업 관련 사이트가 있지만, 그중 고용노동부와 한국고용정보원에서 제공하는 워크넷의

| 직업 분류표 |

경영, 회계, 사무 관련	금융, 보험 관련	교육 및 연구 관련
보건, 의료 관련	사회복지 관련	문화, 예술 관련
운전 및 운송 관련	영업 및 판매 관련	경비, 미용 및 개인 서비스 관련
기계, 재료 관련	전기, 전자, 정보통신 관련	음식 서비스 및 식품가공 관련
농림어업 관련	법률, 경찰, 소방 관련	디자인 및 방송 관련
건설 관련	화학, 섬유, 환경 및 공예 관련	

'2019한국직업전망' 자료를 보면 17개 분야에서 대표적인 약 200개의 직업을 확인할 수 있다. 해당 200개 직업에 대한 정보만 알고 있어도 직업 선택의 폭을 크게 넓힐 수 있으니 꼭 확인해보기 바란다.

한국직업전망의 대표적인 17개 직업 분야는 위 표와 같다. 이 17가지의 분류표 안에는 우리나라를 대표하는 거의 대부분의 직업이 포함되어 있다. 따라서 직업을 선택할 때에는 상위 단위의 직업 분류표를 통해 원하는 분야를 먼저 선택하고, 단계를 좁혀가면서 세부단위의 다양한 직업을 탐색해야 한다. 그렇지 않고 막연하게 "홍보담당자가 될까?" 또는 "인사담당자가 될까?"와 같이 이미 알고 있던 몇몇 직업 중에서 고민한다면 직업 선택의 폭을 너무 좁히는 결과를 가져올 수 있다. 또 그 결과 자신에게 적합한 직업을 선택하지 못하는 상황도 발생한다.

음식을 주문할 때도 한식, 양식, 중식, 일식, 분식에서 어떤 종류의 음식을 먹을지 선택하고, 그 안에서 오늘은 면을 먹을지, 밥을 먹을지를 정한 후에 최종적으로 주문하지 않는가? 당신이 알고 있는 배달음식이 자장면밖에 없다고 해서 평생 자장면만 시켜 먹는다면 인생이 너무 단조롭고 지루하지 않겠는가?

이 직업분류표는 워크넷(www.work.go.kr)에 접속하여 상위메뉴인 '진로·직업'의 '직업정보' 자료를 통해 확인해볼 수 있다.

직업을 탐색하는 다양한 방법

직업을 탐색하는 방법은 인터넷 검색을 통한 정보수집 외에도 여러 방법이 있다. 인터넷 자료에만 의존하지 말고 다양한 방법을 통해서 직업 세계를 이해하고, 나에게 맞는 직업을 찾아보는 노력이 필요하다.

독서를 통한 직업 탐색

한 직업을 이해하고 좀 더 깊이 있게 다가서기 위해서는 독서가 필수이다. 특히 해당 분야에서 성공을 이룬 사람들이 직접 쓴 자서전이나 평전은 그들이 성공할 수 있었던 노하우를 전수받을 수 있는 가장 빠르고 쉬운 방법이기도 하다. 또한 직업 관련 전문서적을 통해 깊이 있는 전문지식을 습득하는 것도 해당 직업을 이해하는 데 큰 도움이 된다.

영화나 드라마를 통한 직업 탐색

최근에는 드라마나 영화에서 특정 직업을 소재로 한 작품들도 많이 소개되고 있다. SF 영화를 통해서 미래를 예측하고 그 과정에서 새로운 직업에 대한 아이디어를 찾아낼 수 있고, 의학 드라마를 통해서는 의사들의 삶을 이해하고 의사로서의 사명감을 배울 수도 있다. 주인공의 직업이나 주인공을 둘러싼 주변 인물들과의 관계를 통해 직업의 세계를 좀 더 현실적으로 이해하는 데 많은 도움이 된다.

경험을 통한 직업 탐색

인턴십을 통한 직업 탐색은 해당 직업을 이해하는 데 가장 효과적인 방법이다. 당신이 꿈꾸던 직업이나 관심을 가지고 있는 직업에 이미 몸담고 있는 현직 선배들에게 직접 일을 배우고, 함께 일하는 것은 정말 매력적인 기회가 아닐 수 없다. 그 기회를 잘 살려 인턴 기간을 알차게 보낸다면 직업에 대한 경험과 지식 습득뿐만 아니라, 해당 직업에서 인맥을 확장하는 부분에서도 큰 효과를 볼 수 있다. 인턴십의 기회를 잡는 것이 쉽지 않겠지만, 지속적인 관심과 도전을 통해 인턴십 프로그램을 반드시 경험해보길 권한다.

지금까지 다양한 직업의 세계를 탐색하는 방법에 대해서 훑어보았다. 한여름 반팔 티셔츠 한 장을 사려고 할 때에도 몇 시간씩 인터넷을 뒤지며 수많은 브랜드와 디자인을 찾아보고, 후기까지 다 읽어보고 가격을 비교한 후에 옷을 구입하면서도, 인생을 결정하는 중차대한 직업에 대해서는 그저 그때그때 처한 상황에 맞추어 선택해서야 되겠는가? 고민 끝에 내 마음에 드는 옷을 사서 입었을 때 행복한 마음이 더 큰 것처럼, 내가 원하는 직업을 선택했을 때 더 큰 인생의 행복을 느낄 수 있다.

다음 장에서는 직업을 탐색하는 다양한 방법에 대해서 좀 더 구체적으로 알아보자.

독서를 통해 성공한 이들의 노하우를 전수받아라

독서의 장점에는 여러 가지가 있겠지만, 다음과 같이 크게 4가지로 나눌 수 있을 것이다. 첫째, 마음의 휴식. 둘째, 사고력의 확장. 셋째, 정보 수집. 넷째, 간접 경험.

이 중 정보수집과 간접 경험은 직업을 탐색하는 데에도 많은 도움을 준다. 독서를 통해 미처 알지 못했던 해당 직업의 다양한 정보를 얻을 수 있고, 직접 경험해보기 어려운 직업도 책을 통해 간접적으로나마 경험할 수 있기 때문이다.

진로 탐색에 독서가 중요한 이유

문화관광부의 '2019년 국민독서 실태조사' 보고서에 따르면 종이책과 전자책을 합하여 한국 성인의 연간 평균 독서량은 7.5권으로 조사됐다. 2017년 조사에서 9.4권이었다는 점을 감안하면 매년 독서량이 크게 줄고 있음을 알 수 있다.

그래서일까? 면접자들에게 "최근 읽었던 책 중에서 감명 깊었던 책이나 도움이 된 책은 무엇인가요?" 하고 물으면, 당혹감을 감추지 못하곤 한다. 감명 깊게 읽었던 책은커녕 최근에 읽은 책이 한 권도 떠오르지 않기 때문일 것이다. 물론 이들의 반응은 책 읽기가 싫어서라기보다는 책 이외에도 다양한 콘텐츠가 넘쳐나기 때문에 굳이 책을 읽을 필요성을 느끼지 못하기 때문이라는 이유도 있을 것이다.

면접 과정에서 독서에 대한 질문을 하는 이유는 여러 가지겠지만, 직무에 대한 관심도를 알고 싶기 때문인 경우가 많다. 특히 지원 직무와 전공이 다르거나 과거의 경력 사항과 차이가 있을 때 자주 물어본다. 그런 점에서 과거 어느 지원자의 답변은 면접관의 마음을 사로잡기에 충분했다.

"최근 관심 있게 본 책은 어떤 책인가요?"

"전공과 무관한 마케팅 업무에 관심이 생기면서 마케팅 관련 서적을 많이 읽고 있습니다. 가장 최근에 본 책은 마케팅의 대가인 필립 코틀러가 쓴《마켓 4.0》이라는 책이었습니다. 잘 알지 못했던 글로벌 경영과 마케팅을 이해하는 데 많은 도움이 되었습니다."

지적인 호기심은 물론, 마케팅 직무에 대한 열정도 느껴진다. 또한 문제 해결을 위해 다양한 방법을 활용하는 지원자라는 인상을 강하게 심어주는 답변이다. 비록 마케팅을 전공하지는 않았지만 입사 후 충분히 마케팅 직무를 수행해낼 수 있을 것이라는 기대도 가지게 한다. 이처럼 독서는 직업 탐색에 직접적인 효과가 있지만, 면접 과정에서도 부수적인 효과를 함께 기대할 수 있다.

그렇다면 독서를 통해 얻을 수 있는 진로 탐색의 효과에는 어떤 것이 있을까?

전문가의 노하우가 고스란히 녹아 있다

저자가 한 권의 책을 쓰기 위해서는 짧게는 몇 개월, 길게는 1년이 넘는 기간이 걸리기도 한다. 자신의 이름을 걸고 쓰는 책이니만큼 전공 분야에서 그동안 쌓아온 지식들이 한 권의 책 속에 고스란히 담기게 된다. 마치 잘 달인 한 첩의 보약처럼 말이다.

물론 여러 권의 책을 출간하는 저자의 경우 때로는 전혀 새로운 내용이라기보다는 이전에 출간한 책의 내용을 보완하여 출간하는 경우도 있다. 흔히 개정판이라는 타이틀로 출판되지만, 제목이나 표지만 바꾸어서 출판하기도 한다. 이런 경우에는 목차 등을 먼저 확인해보고 유사한 내용으로 판단되면 가장 최근에 출판된 책을 선택하는 것이 좋다. 직업의 세계는 하루가 멀다 하고 계속해서 변화하고 있기 때문이다.

이처럼 전문가의 책을 읽는다는 것은 단돈 2만 원이 채 안 되는 비용으로 해당 직업이나 직무 분야에서 수십 년의 노하우를 가지고 있는 전문가로부터 1:1 코칭 수업을 받는 것이나 다름없다.

짧은 기간에 핵심 정보를 수집할 수 있다

90분짜리 특강을 해도 결국 핵심적인 내용은 한두 문장인 경우가 많다. 어쩌면 그 핵심 키워드 한두 문장을 이야기하기 위해서 90분 중 80분을 사용하는지도 모른다. 그래서 나는 〈세상을 바꾸는 시간, 15분〉이라는 강연 프로그램을 즐겨 본다. 강연자가 15분 동안 자신이 정말 하고 싶은 중요한 이야기만을 알기 쉽게 전달해주기 때문이다.

책도 그렇다. 저자가 수십 년 동안 쌓아온 노하우를 한 권의 책에 담기에는 턱없이 부족하다. 그래서 책에는 저자가 이야기하고 싶은 핵심적인 내용만 축약하여 독자가 이해하기 쉽도록 설명되어 있다. 따라서 아직 진로에 대한 확신이 없거나 결정을 하지 않은 상황이라면, 다양한 분야의 전문가들이 쓴 책을 통해 쉽고 빠르게 간접경험을 해봄으로써 직업 선택의 폭을 넓힐 수 있다.

창의적인 아이디어가 샘솟는다

관심 분야의 책을 읽다 보면 자신도 모르게 책 속에 빠져들게 되고, 그 상황이 되면 스스로가 마치 저자가 된 것 같은 착각에 빠지기도 한다. 책을 읽는 중간중간 새로운 아이디어가 떠오르고, '이렇게 하면 더 좋을 텐데' 하는 다양한 선택지들도 계속 떠오르게 된다. 또한 해당 분야에 대한 이해가 높아지면서 관련된 직업에 관심이 생기게 된다. 예를 들어 유명한 셰프의 자서전을 읽으면서 식품 산업에 대해 호기심이 생기거나, 그 호기심이 확장되어 호텔, 외식업에까지 관심이 넓어지기도 한다.

이처럼 독서를 통해 단순히 해당 분야에 대한 정보뿐만 아니라 관련된 새로운 창의적인 아이디어를 얻을 수 있고, 직업 세계에 대한 사고를 확장하는 효과도 거둘 수 있다.

직업 탐색에 도움이 되는 책 선정 방법 3가지

직업 탐색을 위해 책이 도움이 되는 이유는 직업 정보의 수집과 간접체험이라고 설명했다. 따라서 책을 선택할 때는 이 2가지 사항을 기억하면서 아래의 기준에 부합하는 책을 선택하는 것이 좋다.

성공한 사람의 책을 읽어라

세상에는 다양한 직업이 존재한다. 그리고 그만큼이나 그 직업에서 성공을 거둔 사람도 많이 존재한다. 그들을 찾아가 성공의 비결을 직접 전수받을 수는 없지만, 책을 통해 그들이 어떤 과정을 통해 성공했는지 알 수 있다. 따라서 되도록 해당 분야에서 오랫동안 실력을 쌓아 성공을 이룬 이들의 책을 읽는 것이 좋다. 추천도서로는 나이키 창업자 필 나이트의 자서전《슈독 : 나이키 창업자 필 나이트 자서전》(필 나이트, 사회평론, 2016), 애플의 창업자 스티브 잡스의 이야기를 다룬 《스티브 잡스》(워터 아이작슨, 민음사, 2011) 등이 있다.

최근 출간된 4차 산업시대를 이끌 직업군의 책을 읽어라

직업의 세계는 빠르게 변화하고 있다. 기존의 직업이 사라지거나, 통합되고 대체되며, 하루가 다르게 새로운 직업들이 등장한다. 이미 4차 산업혁명이 시작된 지금, 굳이 과거 굴뚝산업을 통해 성공했던 이들의 성공 신화를 다룬 책보다는 이 시대의 새로운 직업에서 성공한 사람들의 이야기를 담은 책을 읽는 것이 한정된 시간을 효과적으로 활용하는 방법이 될 수 있다. 추천도서로는 《하버드 머스트 리드 스타트업 기업가정신》(마크 안드레센, 매일경제신문사, 2019), 《저커버그 이야기》(주디 L. 해즈데이, 움직이는서재, 2016) 등을 꼽을 수 있다. 이러한 책들을 통해 직업 세계에 대한 새로운 관점을 얻을 수 있을 것이다.

관심 분야의 책을 읽어라

만약 당신이 평소에도 다양한 장르의 책을 읽는 취미를 가지고 있다면, 이 부분은 건너뛰어도 좋다. 하지만 책을 읽을 시간이 많지 않은 상황에서 선택과 집중이 필요하고, 단기간에 직업에 대한 다양한 탐색을 해야 하는 상황이라면 무조건 유명 작가의 베스트셀러를 읽기보다는 그 시간에 자신의 관심 분야에 대한 책을 읽는 것이 좋다.

예를 들어 호텔리어라는 직업에 관심이 있다면 《호텔리어 그 화려한 이름》(김경윤· 김미선, 이프레스, 2017), PD라는 직업에 관심이 있다면《PD가 말하는 PD》(김민식·장기오 외 3명, 부키, 2012) 등의 책을 통해 관심 있는 분야의 전문가가 들려주는 생생한 이야기를 습득하는 것이 좋다. 이를 통해 해당 직업에 대해 이해하고, 나아가 면접 과정에서도 조금 더 자신감 있게 당신의 생각을 이야기할 수 있을 것이다.

지금까지 책을 통해서 진로를 탐색하는 방법을 알아보았다. 책에는 많은 이로운 점들이 있지만, 이처럼 진로 탐색 과정에서도 많은 도움을 준다. 뿐만 아니라 좀 더 자신감 있게 면접에 임할 수 있도록 해주기도 한다. 시간이 부족하더라도 틈틈이 시간을 내어 위에 언급한 기준에 맞는 책들을 꾸준히 읽는다면, 진로 선택의 폭을 크게 넓힐 수 있을 것이다.

영화를 통한 진로 탐색

영화에는 우리가 미처 알지 못했던 많은 직업들이 등장한다. 무심코 지나치기 쉬운 영화 속의 다양한 직업들을 나의 적성과 흥미라는 관점에서 본다면, 진로를 결정하는 데에도 중요한 단서가 될 수 있다. 영화에 등장하는 인물의 직업을 통해 흥미로운 직업의 세계를 체험해보자.

〈제리 맥과이어〉를 통해 본 스포츠 에이전트

스포츠 뉴스나 신문기사에서 운동선수들이 수십억 원의 연봉 계약을 체결했다는 기사를 접하게 된다. 미국 프로야구 선수인 류현

진의 연봉은 무려 2천만 달러에 달하는데, 이처럼 스포츠 선수들을 트레이드하는 에이전시 시장 또한 급성장 중이다.

톰 크루즈와 르네 젤위거가 출연한 영화 〈제리 맥과이어〉는 이러한 에이전트의 직업적 삶을 잘 묘사하고 있다. 에이전트로 크게 성공한 제리 맥과이어(톰 크루즈)는 회사 측에 자신의 신념을 담은 업무 제안을 하지만, 회사의 이익에 반한다는 평가를 받고 결국 해고된다. 하루아침에 모든 것을 잃게 된 그는 유일하게 자신의 생각을 지지해준 동료 직원 도로시(르네 젤위거)와 함께 새로운 에이전시를 꾸려나간다. 영화는 그 과정에서 겪는 직업적 삶과 두 주인공의 사랑을 재미있게 표현하고 있다.

영화에 잘 묘사된 것처럼 스포츠 에이전트는 선수들이 운동에 전념할 수 있도록 선수의 모든 것을 관리하고 서포트하는 매니저의 역할을 하는 직업이다. 주된 역할은 연봉협상과 트레이드 등 선수의 계약권을 대행하는 일이며, 무명선수를 발굴하거나 스카우트를 하기도 한다.

고액 연봉이 가능하고 매우 전망이 밝은 직업으로, 스포츠 마케팅을 전공한다면 아무래도 이 분야로 진출하는 데 유리할 수 있다. 또 해당 스포츠 종목에 전문성이 있거나, 대인관계 능력과 협상력을 갖추고 있다면 해당 분야에서 성공할 확률을 더욱 높일 수 있다.

〈히트맨〉을 통해 본 웹툰 작가

최근 인기 있는 직업 중 하나로 웹툰 작가가 큰 각광을 받고 있다. 각종 예능 프로그램에서 웹툰 작가들이 많은 인기를 얻으면서, 그동안 즐겨 보던 웹툰을 직접 그리는 웹툰 작가라는 직업에 대해서도 관심도가 높아졌다.

웹툰 작가에 관심이 있다면 권상우 주연의 코믹 한국영화 〈히트맨〉을 추천한다. 히트맨은 웹툰 작가라는 직업의 화려함 뒤에 가려진 어두운 작가의 삶을 코믹하게 잘 보여주는 영화이다.

국정원 비밀 암살요원 준(권상우)은 자신이 어린 시절부터 꿈꾸어 왔던 만화가가 되기 위해서 작전 수행 중 사고사로 위장하고, 오랜 세월 신분을 숨긴 채 웹툰 작가로 활동하며 평범한 삶을 산다. 하지만 인기 없는 무명작가의 삶이 그렇듯 가족과 사회로부터 인정받지 못하고 궁핍한 나날을 보낸다. 이러한 삶에 화가 난 준은 어느 날 술김에 과거 국정원 비밀요원 시절의 실제 경험담을 웹툰에 올리고, 그러면서 여러 가지는 좌충우돌을 겪게 된다.

영화에서는 원고 마감일 재촉과 작품에 대한 구독자들의 적나라한 피드백에 괴로워하는 작가의 모습이 잘 묘사되고 있다. 특히 극중에 표현되는 창작에 대한 고통은 웹툰 작가라는 직업에 관심이 있다면 진지하게 고민해볼 부분이기도 하다. 웹툰 작가라면 그림을 잘 그려야 하는 것은 물론, 재미있게 콘티를 짤 수 있는 기발하고 창의적인 아이디어도 있어야 한다. 이 영화는 오락영화이다 보니 큰 감동이나 교훈을 주지는 않지만, 주인공 준처럼 진정으로 하고 싶은 일을 하라는 메시지를 전한다. 삶은 단 한 번뿐이므로, 원하지 않는 직업을 가진 채 살아야 한다면 그 삶은 너무 불행할 것이기 때문이다.

〈파운더〉를 통해 본 프랜차이즈 창업

창업을 준비 중이거나 인생 2막을 앞두고 있다면 추천하고 싶은 영화가 있다. 바로 〈파운더〉이다. 〈파운더〉는 햄버거 하나로 전 세계를 집어삼킨 맥도날드의 창업자 레이 크록(Ray Kroc)의 일대기를 담은 영화이다. 그의 성공과정은 우리에게 사업과 경영에 대한 많은 교훈과 가르침을 준다.

52세의 나이로 은퇴를 바라봐야 할 세일즈맨 레이(마이클 키튼)는 밀크셰이크 기계 판매를 위해 미국 전역을 돌아다니지만 문전박대만 당한다. 그러던 중 우연한 기회를 통해 주문한 지 30초 만에 햄버거가 나오는 혁신적인 시스템을 갖춘 '맥도날드'라는 햄버거 가게의 가능성을 발견하고, 많은 노력 끝에 결국 맥도날드 형제와 프랜차이즈 계약을 체결한다.

〈파운더〉라는 제목에서 느껴지는 것처럼 영화에서는 맥도날드의 진정한 창립자가 누구인지 계속 묻는다. 30초 만에 햄버거를 만드는 시스템을 개발한 맥도날드 형제인지, 프랜차이즈 사업을 확장하여 지금의 맥도날드를 있게 한 레이인지 말이다.

감독인 존 리 행콕은 이 영화에는 두 종류의 자본주의가 등장한다고 했다. 하나는 좋은 아이디어를 가지고 성실하게 열심히 일해서 성공하는 자본주의(맥도날드 형제의 자본주의)와, 기술력과 아이디어는 자기 것이 아니지만 펀딩과 경영전략을 통해서 성공하는 자본주의(레이 크록 자본주의)가 그것이다.

나는 자본주의의 경영은 시대정신을 반영한다고 생각한다. 즉 두 자본주의 중 무엇이 옳고 무엇이 옳지 않은지는 정답이 없다고 본다. 다만 1950년대에는 레이의 경영방식이 통했고, 그 결과 지금의 맥도날드가 있는 것이라고 볼 수 있다. 한편 2020년 현재의 맥도날드는 과거의 영광만큼 화려하지는 못하다. 어쩌면 지금은 과거 맥도날드 형제가 추구했던 방식이 더 효과적일 수도 있지 않을까? 어쨌든 미래를 예측하고 미래의 성공을 기대하는 사람이라면 이 두 자본주의 사이에서 자신만의 새로운 자본주의를 찾아내는 것이 중요하다.

또한 이 영화를 통해 우리는 50세가 넘는 나이에 새로운 사업을 시작하여 세계 인구 1%의 식사를 책임지는 거대 프랜차이즈로 성장시킨 레이 크록의 끈기와 야망, 도전 정신을 배울 수 있다.

그 외에 직업 탐색에 도움이 되는 영화들

위에 소개한 영화들 이외에도 직업과 관련된 주제의 영화들은 많다. 다음의 표에 직업의 세계를 엿볼 수 있는 몇몇 영화들을 정리했다.

| 직업 관련 영화 |

구분	영화제목	관련 직업
해외영화	악마는 프라다를 입는다	패션 관련 직업
해외영화	행복을 찾아서	영업 관련 직업
한국영화	식객	요리 관련 직업
한국영화	더 킹	검사
해외영화	일급살인	변호사
한국영화	청년 경찰	경찰
해외영화	나이트 크롤러	기자
한국영화	봄날은 간다	사운드 엔지니어
해외영화	뷰티풀 마인드	수학자
해외영화	가디언	해상구조 관련 직업
해외영화	인턴	직장인의 일반적인 삶
해외영화	월터의 상상은 현실이 된다	포토 에디터
한국영화	건축학개론	건축 관련 직업

이처럼 영화 속에는 우리가 미처 알지 못했던 진로 관련 정보들이 매우 많이 숨어 있다. 또 어떤 영화이든 등장인물의 직업에는 대개 주인공의 성향이나 시대적 상황이 반영되어 있다. 그렇기 때문에 영화 속에 숨어 있는 직업 세계를 관찰해본다면, 영화도 보고 직업 탐색도 하는 일석이조의 효과를 누릴 수 있다.

경험을 통한
직업 탐색

직업 탐색을 하는 과정에서 가장 효과적인 방법은 관심 분야의 일을 직접 체험해보는 것이다. 책이나 인터넷을 통해서 정보를 수집하는 것은 관심 분야의 전문가를 만나기가 어렵고, 직접 그 일을 경험해볼 수 없기 때문이다. 따라서 만약 직접 해당 분야의 전문가를 만나 도움을 받으며 그 일을 해볼 수만 있다면, 그것이야말로 가장 강력하고 완벽한 직업 탐색 방법이다.

그렇다면 어떻게 하면 직업을 직접 경험해보고, 또 그 경험을 활용할 수 있을까?

인턴십 프로그램 참여

기업에서 진행하는 인턴십 프로그램은 취업 준비생에게는 가장 효과적이고 영향력이 큰 직업 탐색 방법이다. 그렇다 보니 '취업보다 더 어려운 게 인턴십'이라는 말이 있을 정도로 경쟁이 치열하다. 대기업이나 선호도가 높은 중견기업의 경우에는 인턴십의 경쟁률이 100:1이 훌쩍 넘는 경우도 다반사이다. 하지만 아직 20대라면 방법은 있다. 다음의 인턴십 합격 노하우를 참고하여 포기하지 말고 도전해보자.

진로계획은 구체적으로 세워라

가장 먼저 자신이 관심 있는 분야의 진로계획을 세우는 것이 중요하다. "무슨 일이든 시켜만주시면 열심히 하겠습니다"와 같은 무데뽀식 마인드는 인사담당자가 가장 싫어하는 모습 중 하나다.

당신이 어떤 분야에 관심이 있고, 왜 관심이 있으며, 해당 분야에서 무엇을 잘할 수 있는지, 그리고 앞으로 어떻게 진로를 발전시키고 싶은지에 대한 개념을 명확히 잡는 것이 기본이며, 가장 중요한 요소이다. '친구 따라 강남 가기' 식으로 남이 한다고 하니까 나도 지원한다면 합격확률도 낮아질 뿐만 아니라, 당신과 면접관의 소중한 시간을 낭비하는 것에 불과하다.

모집공고 체크하기

운이 좋게도 인턴모집 공고를 보고 알맞게 지원하면 좋겠지만,

때로는 인턴십 프로그램의 모집기간을 놓치는 경우도 많다. "죄송한데, 제가 공고를 늦게 봐서 그런데요, 오늘 밤까지 작성하면 안 될까요?" 하고 물어오기도 한다. 그러나 공고에 명시된 기간이 지났다면 2019년 강화된 채용절차법의 기준에 따라 세상이 두 쪽 나도 예외를 적용해줄 수 없다. 공정성과 형평성에 대한 법적 리스크를 져야 하기 때문이다. 안타깝지만 내년을 기약할 수밖에 없다.

인턴십은 통상적으로 대학생들의 방학 2개월 전에 모집공고가 올라오고, 1개월 전에 마감이 되므로 그 기간이 되면 관심을 가지고 있는 회사의 홈페이지를 통해 수시로 확인해보는 것이 좋다. 또 매년 비슷한 시기에 진행되는 만큼 과거의 공고를 참고하는 것도 일정을 예측하는 데 도움이 된다.

담당자에게 직접 연락하기

담당자에게 직접 메일을 보내는 것도 효과적인 방법 중 하나다. 담당자의 이메일주소를 알기가 쉽지 않겠지만, 과거의 채용공고에 기재되어 있는 담당자의 이메일과 홈페이지에 게시된 해당 기업의 대표 메일, 또는 '잡코리아'나 '사람인' 등 채용 포털사이트에 등록되어 있는 채용 담당자의 메일주소를 이용하면 담당자가 메일을 볼 확률이 높아진다.

메일에는 먼저 본인의 신분을 명확하게 밝히고, 자신의 진로계획을 간단히 언급하는 것이 좋다. 어쩌면 인턴십 일정의 정보뿐만 아니라 서류전형과 면접 과정에서도 좋은 점수를 받을지도 모른다.

아르바이트를 통한 직무 경험

인턴십 프로그램이 하늘의 별 따기라면 차선책으로 특정 직무에 대한 아르바이트도 고려해볼 수 있다. 인턴십의 경우는 체계적인 프로그램을 통해서 2개월 정도의 기간 동안 업무에 대한 체험과 업무 보조 등을 하게 되지만, 아르바이트는 실무를 보조하거나 오히려 중심적으로 업무 진행을 할 수도 있다는 장점이 있다. 해당 분야에 관심이 있는 지원자라면 도전해볼 만하다.

특정 직무 아르바이트

취업사이트에는 번역, 마켓 리서치(Market Research), QA(Quality Assurance) 등의 업무 보조 아르바이트에 대한 모집공고가 심심치 않게 올라온다. 비록 업무의 난이도는 다소 낮을 수 있지만, 가장 큰 장점은 실무를 직접 경험해볼 수 있다는 것이다. 또 직무 담당자로부터 결과물에 대한 피드백을 받을 수 있다는 점도 장점 중 하나이다. 반드시 내가 원하는 회사, 원하는 직무가 아니더라도 기업에서 실무를 경험할 수 있다는 것만으로도 직업적 사고의 폭을 확장하는 데 많은 도움이 되므로 도전해보자.

기자단 활동

기업 홍보활동의 일환으로 대학생이나 취업 준비생을 대상으로 기자단을 모집하여 다양한 이름으로 운영하는 회사들이 있다. SK그룹의 경우 'SK Careers Editor', 현대자동차는 'YOUNG HYUNDAI'라는 명칭으로 운영하며, 게임회사인 게임빌컴투스에서는 GCPLAYER라는 이름의 대학생 기자단을 운영하고 있다.

기자단이 되면 해당 기업에서 다양한 직무의 직원들을 만나 인터뷰할 수 있으므로 직무를 이해하는 데 많은 도움이 될 뿐만 아니라, 본인의 의지만 있다면 해당 분야의 선배들과 인맥을 쌓을 수도 있어 좋은 기회가 된다. 또한 회사의 공채 행사나 각종 사내 프로그램에서 기자로 활동하게 됨으로써 해당 산업과 기업문화를 이해하는 데 많은 도움이 된다.

일반적으로는 콘텐츠 제작 능력과 기획력이 좋은 인재를 선호한다. 특히 유튜브 채널을 통한 홍보활동이 활발해지면서 영상 편집 능력을 갖추고 있다면 합격 확률이 더욱 높다.

직업체험을 통해 반드시 얻어야 하는 것

직업체험을 할 수 있는 기회를 어렵게 잡았는데 얻어가는 것이 없으면 되겠는가?

하지만 사회는 냉정한 곳이다. "이제 합격이 되었으니 회사의 담당자가 시키는 일만 열심히 하면 되겠지?"라는 생각만으로 일한다면 얻어가는 것도 제한적일 수밖에 없다.

예를 들어 기자단으로 활동하면서 인사팀의 교육 담당자와 인터뷰를 할 기회가 주어졌다고 가정해보자. 단순히 회사의 지시에 따라 인터뷰만 한다면 회사의 교육담당자가 무슨 일을 하고 어떤 고충과 보람이 있는지는 알 수 있겠지만, 그뿐이다. 인터뷰에 그치지 말고 담당자의 연락처를 받아 추가적으로 궁금한 것들을 물어보는 등 적극적인 자세를 보이는 것이 좋다. 아무리 바쁜 직원들이라 해도 병아리 같은 대학생 기자단이 자신의 일에 대해서 궁금해하며 물어보는데 답을 해주지 않을 선배는 없을 것이다. 덤으로 맛있는 점심 식사나 시원한 아메리카노가 따라올지도 모를 일이다. 하늘은 스스로 돕는 자를 돕는다고 하지 않는가?

이러한 과정을 통해서 자연스럽게 탄탄한 인맥도 만들어지고, 다양한 직무 관련 정보도 얻을 수 있게 된다.

앞에서 이야기한 것처럼 직접경험은 매우 효과적이고 의미가 있는 진로 탐색 방법 중 하나다. 또한 직접적인 체험과 더불어 면접장에서나 볼 수 있는 사람들과 식사를 하고 차를 마시는 것만으로도 자신감이 훨씬 상승하게 된다. 이를 통해 면접관들이 다른 세계의 저승사자 같은 사람이 아니라 나와 같은 사람, 대학 선배 같은 사람이라고 인식할 수 있게 된다. 따라서 이후의 면접 과정에서도 긴장도를 낮출 수 있고, 자신의 실력을 충분히 발휘하는 등 더 좋은 결과를 가져올 수 있다.

직업에서의 성공은 결코 행운이 아니다

어느 회사원이 매일 밤마다 신에게 기도했다. "신이시여, 제발 한 번만 로또에 당첨되게 해주세요."

그 간절함이 하늘에 닿은 것일까? 꿈속에 신이 나타나 이렇게 말했다. "이 녀석아, 로또를 사야 당첨을 시켜주든 말든 할 게 아니냐?"

우스갯소리지만, 이처럼 행운의 로또 1등 당첨도 먼저 로또를 사야 기회가 생기는 것이다. 기도만 한다고 해서 행운이 찾아오지는 않는다. 지금까지 단 한 번도 로또 복권을 산 적이 없는 나에게는 로또 1등 당첨의 행운이 영원히 찾아오지 않을 것이 당연하다.

계획된 우연

사람에게는 인생에 총 세 번의 기회가 주어진다는 말이 있다. 그 기회를 잡느냐 잡지 못하느냐에 따라서 인생의 성패가 좌우된다고도 하는데, 나는 세 번의 기회가 주어진다는 것에는 동의하지 않는다. 끊임없이 노력하는 사람에게는 세 번이 아니라 크고 작은 수많은 기회들이 주어지기 때문이다. 반대로 어떤 노력도 하지 않는 사람에게는 세 번이 아니라 단 한 번의 기회도 찾아오지 않을 것이다. 그렇기 때문에 인생의 성공 여부는 노력의 결실로 찾아온 그 무수히 많은 기회를 어떻게 활용하느냐에 따라 결정된다.

상담계의 전설로 통하는 스탠퍼드대학교의 존 크럼볼츠(John Krumboltz) 교수는 저서 《천 개의 성공을 만드는 작은 행동의 힘》을 통해 우리 선택의 80%가 운에 달려 있으며, 인생을 살아가면서 겪게 되는 다양한 우연적 사건들이 개인의 진로에 긍정적이거나 부정적인 영향을 미친다고 보았다. 그는 이 중 긍정적 영향을 미치는 우연적 사건을 '계획된 우연(Planned Happenstance)'이라고 정의하였다.

당신의 과거 어느 한 지점 중에서 긍정적인 결과를 가져왔던 사건을 한번 떠올려보자. 그리고 그 상황이 그 이전의 어떤 상황들과 연결되어 있는지 생각해보자. 분명 그 긍정적인 사건은 이전 과거의 어떤 우연에서부터 시작되었을 것이다. 그리고 그 우연이 없었다면, 당신에게 그러한 긍정적인 결과는 일어나지 않았을 것이다.

예를 들어 지금 내 옆에 사랑스러운 연인이 있다고 해보자. 나는 어떻게 이 사람을 만날 수 있었을까? 대학교 후배가 소개해주었다면, 그 후배는 어떻게 만나게 된 것일까? 수많은 동아리 활동을 하던 중 알게 된 후배는 아니었나? 그리고 그 대학교에는 어떻게 입학하게 되었을까? 여러 곳의 대학교에 원서를 냈지만 그중 가장 적성에 잘 맞는 학과가 있는 학교를 선택한 것은 아닐까? 또는 내가 재수를 포기하고 바로 취업을 했다면 지금의 연인을 만날 수 없지 않았을까?

이처럼 우리의 삶은 계획된 우연의 연속으로 결정된다 해도 과언이 아니다. 그리고 이러한 우연이 행운이 될지 불행이 될지는 나 자신의 결정에 달려 있다. 따라서 이러한 우연의 사건들을 최대한 많이 만들고, 그 우연이 긍정적 영향을 가져올 수 있도록 노력해야 한다.

'1만 시간의 법칙'처럼 한 분야의 전문가가 되거나 큰 성공을 거두기 위해서는 하나에 집중하여 모든 에너지를 투입해야 한다고 하지만, 집중할 분야를 선택하려면 먼저 수많은 다양한 경험이 필요하다. 그런 경험이 있어야 비로소 자신에게 알맞은 직업을 선택할 수 있다. 그러므로 생각만 하지 말고 지금 당장 수많은 우연들을 만들어라. 지금의 작은 행동에서 비롯된 하나의 우연이 내 인생을 긍정적으로 변화시키는 중요한 단서가 될지도 모른다.

계획된 우연을 만드는 5가지 기술

로또 이야기에서 말했지만, 가만히 있으면 어떠한 기회도 찾아오지 않는다. 그렇기 때문에 우리는 적극적인 방법을 통해 계획된 우연들을 만들어가야 한다. 그동안 내가 터득한, 계획된 우연을 만드는 5가지 방법을 여기에 소개한다.

다양한 사람과 만나라

당신은 새로운 사람을 만나는 것이 혹시 불편하거나 두렵지 않은가? 만약 이 질문에 '그렇다'라고 대답한다면, 안타깝게도 당신의 성공 확률은 낮다고 할 수 있다. 다양한 분야의 다양한 연령대의 사람들을 만나라. 특히 인생 2막을 눈앞에 둔 사람이라면 앞으로의 미래를 이끌어갈 젊은이들을 만나 많은 대화를 하기 바란다. 미래를 준비하고 있다면 미래의 주인공인 청년들과의 만남을 통해 우연한 사건을 만들고, 그 과정에서 연결고리를 이어나가는 것이 중요하다. 그들과의 만남을 통해서 얻은 계획된 우연들은 언젠가 당신에게 성공의 문을 여는 중요한 단서가 되어줄 것이다.

호기심을 가져라

문명의 발전은 인간의 호기심에서부터 시작되었다고 해도 과언이 아니다. 영국의 정치평론가인 이언 레슬리(Ian Leslie)가 쓴 《큐리어스》에서는 식욕, 성욕, 주거욕 외에 인간의 네 번째 본능으로 '호기심'을 이야기한다. 호기심이야말로 인간이 유인원과 구별되는 가장 큰 특징이라는 것이다. 인류가 과학을 발전시키고 달을 탐험한 것도 호기심에서 비롯된 것이라고 할 수 있다.

이처럼 호기심은 기존의 것을 새롭게 창조하는 강력한 힘을 가지고 있다. 새로운 것에 대한 호기심을 키워라. 새로운 것을 배우고, 새로운 일을 계속 시도하라. 새로운 사람을 만나고 새로운 음식을 먹어보라. 또 다른 세계가 보일 것이다.

포기하지 마라

페이스북의 창업자인 마크 저커버그의 누나이자 '저커버그 미디어'의 창립자인 랜디 저커버그(Randi Zuckerberg)는 한 강연에서 "실패를 두려워하지 마라 실패를 두려워하면 새로운 시도도 하지 못한다"라고 이야기했다.

누구에게나 시련은 찾아온다. 그러나 시련을 극복한 자만이 성공에 가까이 다가설 수 있다. 수많은 시련과 시행착오는 계획된 우연을 위한 든든한 영양분이 되어줄 것이다. 그러므로 실패를 두려워하지 말고 절대 포기하지 마라. 새로운 것을 받아들일 때는 항상 저항이 있기 마련이다. 그 저항을 이겨낼 수 있는 마음의 근력을 키워야 한다.

새로운 것을 받아들일 유연함을 갖추어라

새로운 기회는 언제 찾아올지 모른다. 또 새로운 기회가 찾아왔다 하더라도 그것이 기회인지조차 모르고 놓쳐버릴 수도 있다. 그러므로 우리는 항상 새로운 것을 받아들일 마음의 준비를 하고 있어야 하며, 새로운 것이 찾아왔을 때 절대 망설이거나 주저해서는 안 된다. 새로운 것을 받아들이지 못하고 계속 과거의 것에만 연연한다면, 코닥이나 노키아의 사례처럼 글로벌 대기업이었던 과거를 뒤로 하고 새로운 시대에 적응하지 못한 채 도태되고 말 것이다. 기회는 과거의 것이 아닌 새로운 것에서 찾아오기 때문이다.

긍정적인 마인드를 가져라

우산도 없는데 비가 오고 있다고 해보자. 어차피 비를 맞을 수밖에 없는 상황이지만 누군가는 비에 젖었다는 이유로 짜증을 내고, 누군가는 미세먼지가 없어져서 다행이라고 할 것이다. 이처럼 동일한 상황을 두고 긍정적인 생각을 할 수도 있고 부정적인 생각을 할 수도 있다. AI 기술의 발달로 일자리가 사라지고 있는 상황에서 누군가는 망연자실하여 좌절할 수도 있지만, 누군가는 그 기술을 활용하여 새로운 일자리를 만들 계획을 세울 것이다.

우리가 꿈꾸는 미래는 저 앞에서 우리를 기다리고 있는 것이 아니라 내가 스스로 만드는 것이다. 수많은 우연한 사건들을 만들고 경험하라. 그리고 그 우연한 사건들을 계획된 우연으로 만들어라. 그것이 바로 당신의 미래가 될 것이다.

미래를 이끌어갈 유망산업을 파악하라

100년 역사에 기록될 팬데믹인 코로나19로 인해 세상은 코로나19 이전과 이후의 세계로 나뉘게 될 것이라는 전문가들의 의견이 지배적이다. 그만큼 인류에 미치게 될 파급 효과가 크다는 의미일 것이다. 이번에는 코로나19 이후 앞으로 달라질 직업 생태계의 변화에 대해 생각해보고, 미래의 유망산업 분야에는 어떤 것들이 있는지 알아보도록 하자.

포스트 코로나, 직업의 지형이 바뀌고 있다

우리는 과거를 통해서 미래를 예측한다. 그 대표적인 사례로 과거 대한민국을 검은 먹구름으로 뒤덮어버린 IMF는 대한민국 사회를 IMF 이전과 이후의 세계로 나누어놓았다. 기업들은 수백 퍼센트에 달했던 부채비율을 낮추기 위해 대대적인 구조조정을 통해 정리해고를 단행했다. 이 과정에서 대규모로 실업자가 발생했고, 그동안 유지되었던 평생직장의 개념도 짧은 순간에 사라지게 되었다. 또한 고용의 유연성을 높인다는 명목하에 도급, 파견, 아웃소싱 등 새로운 근로형태의 비정규직 근로자가 크게 증가했다.

이러한 불안정한 고용 환경은 결국 대한민국의 청년들이 공무원과 교사, 공공기관, 대기업 등 안정적인 직업만을 좇도록 만들었으며, 그 결과 지금까지도 청년들은 안정적인 일자리를 얻기 위해 대학입학시험보다 더 치열한 취업전쟁을 치르고 있다. IMF 사태 이후 23년이라는 세월이 지났지만, 그 상처는 아직도 다 아물지 않은 것처럼 보인다.

많은 전문가들은 이번 코로나19 상황을 IMF 사태와 비교하며, 그때보다 더 큰 시련과 사회적 변화를 예고하고 있다. IMF 사태가 고용형태에 큰 변화를 가져왔다면, 앞으로는 직업의 큰 변화가 예상된다. 포스트 코로나 시대에 대한 우울하고 부정적인 전망도 많지만, 앞으로 변화될 직업 세계를 이해하고 대비한다면 얼마든지 위기를 기회로 만들 수 있다.

그럼 포스트 코로나 시대의 사회는 어떤 환경으로 변화할까? 전문가들은 포스트 코로나 시대의 환경 변화로 4가지를 꼽는다. 첫째는 비대면 사회로의 전환, 둘째는 바이오 시장의 새로운 도전과 기회, 셋째는 자국 중심주의 강화에 따른 글로벌 공급망 재편과 산업의 스마트화 가속, 넷째는 위험 대응의 일상화 및 회복력 중시 사회가 그것이다. 그리고 이 중 가장 큰 핵심 키워드는 바로 '비대면(Untact)'이다.

미래학자 제이슨 솅커(Jason Schenker)는 저서 《코로나 이후의 세계》의 제2장 '일자리의 미래-성큼 다가온 원격 근무의 서막'에서 비대면 업무를 위한 시스템의 발전으로 재택근무가 확산하게 되고, 이는 직장인의 여가시간을 확대시킬 것이며, 기업의 입장에서는 비용절감의 효과를 가져올 것이라고 보았다.

기업들은 코로나19로 인해 그동안 그 효과에 대해 반신반의했던 비대면 업무 프로세스가 갑작스럽게 도입되면서, 큰 문제 없이 정상적으로 작동한다는 사실을 빠르게 간파했다. 그 결과 대기업을 중심으로 인건비 부담을 줄이기 위한 새로운 형태의 비대면 업무 프로세스를 구축하는 데 박차를 가하고 있다. 마치 IMF 사태 이후 도급, 파견, 아웃소싱이 확대되었던 것처럼 말이다.

이처럼 포스트 코로나 사회는 비대면을 중심으로 근무형태뿐만 아니라 직업 자체에도 변화가 예상된다. 따라서 이러한 직업 세계의 변화를 미리 이해하고 예측한다면, 4차 산업혁명 시대의 새로운 주인공이 될 수 있을 것이다.

그렇다면 앞으로는 어떤 직업들이 유망산업으로 떠오르게 될까?

코로나를 통해 본 유망 직업 베스트 5

위에 언급한 바와 같이 포스트 코로나 사회는 비대면이 핵심이다. 쉽게 말하면 비대면 접촉을 통해서도 지금과 동일하거나 더욱 편리한 삶이 가능하도록 해주는 산업 분야가 미래를 이끌 새로운 유망산업으로 성장할 것이다. 그러한 유망 직업군에는 어떤 것들이 있는지 알아보도록 하자.

인공지능 의료서비스 분야

지금은 코로나19 팬데믹으로 인한 일시적인 의료인력 부족과 바이러스 신약 개발에 대한 관심이 많아지고 있으나, 이러한 현상은 장기적으로 코로나 바이러스가 진정되면 수요와 공급이 동반 감소할 가능성이 높다. 반면 일시적으로 늘어난 의료인력과 그에 따른 비용 부담으로 인해 의료서비스 분야에 큰 구조조정이 예상된다. 또한 치료과정에서의 감염이 다수 확인되면서 의료진과 환자의 비대면 접촉 치료에 대한 니즈도 크게 증가했다.

그에 대한 해결 방안으로 인공지능 의료기기 왓슨(Watson)과 같은 AI의 기술력을 활용한 의료서비스의 비중이 늘어날 것으로 많은 의료전문가들은 내다보고 있다. 실제로도 2015년 기준 인공지능 의료서비스의 시장규모는 18억 원에 불과했으나, 2020년에는 256억 원으로 크게 성장했으며, 앞으로도 지속적인 성장이 예상된다. 이러한 증가추세로 볼 때, 멀지 않은 미래에는 인공지능 의료서비스 개발자에 대한 수요가 크게 증가할 것이고, 새로운 형태의 의료 관련 직업이 많이 생겨날 것으로 예상된다.

온라인 & 모바일 교육 사업 분야

코로나19 팬데믹으로 인한 대면접촉 기피 현상으로 오프라인 수업이 대부분 중단되면서 상대적으로 비대면 수강이 가능한 온라인 강의에 대한 수요와 관심이 크게 증가했다. 초중고의 정규 교과수업과 대학교의 전공수업이 온라인 수업으로 대체되었고, 그동안 사이버대학이나 방송통신대학 등에서만 이루어졌던 온라인 강의가 대한민국의 모든 학생들에게로 확대되기도 했다.

이 과정에서 디바이스, 서버, 네트워크, 콘텐츠 등 다양한 부분에서 많은 문제점이 노출되기도 했다. 하지만 지적된 일부 문제점들만 보완된다면 스트리밍 방식을 통한 실시간 비대면 수업도 충분히 가능할 수 있다는 기대감이 높아지면서, 과거의 전통적인 교육산업 분야도 크게 변화할 것으로 예상된다.

먼저 기존의 권위적이고 폐쇄적인 방식의 오프라인 강의가 온라인 강의로 빠르게 대체될 것이란 관측이 나온다. 누구나 권한만 있으면 시간과 장소에 구애받지 않고 수강이 가능한 교육환경이 마련되고, 이를 통해 다른 교수나 강사의 수업과도 직접 비교가 가능해지면서 역량이 부족한 교수나 강사는 빠르게 시장에서 퇴출될 것이다. 결국 이러한 과정을 통해 교육 콘텐츠의 질은 크게 향상될 것이다.

이 과정에서 교수나 강사의 개념도 크게 바뀔 것으로 예상된다.

즉 머지않은 미래에는 교수나 강사의 능력을 학위로 판단하는 것이 아니라, 해당 분야에 대한 전문지식과 함께 새로운 매체를 통해 얼마나 학생들에게 지식과 정보를 잘 전달할 수 있는지에 대한 능력도 중요한 평가의 기준이 될 것이다. 최근 TV에 출연하는 연예인보다 유튜브를 통해 활동하는 인플루언서가 더 많은 인기와 수입을 거두고 있는 것처럼 말이다.

따라서 포스트 코로나 시대에는 온라인 강의 콘텐츠를 제작하고 서비스하는 분야의 직업이 더욱 성장할 것이고, 권위 있는 교수가 아니라 새로운 매체에 빠르게 적응하는 교수나 강사가 살아남는 치열한 경쟁이 펼쳐질 것이다.

온라인 상업 분야(쇼핑, 엔터테인먼트)

코로나19로 인해 집밖을 나가지 않고 집 안에서도 휴일을 멋지고 즐겁게 보낼 수 있는 즐길 거리와 소비방식에 대한 관심이 높아졌다. 사실 대형마트에서 직접 장을 보는 대신 온라인 마트에서 쇼핑을 하거나 쿠팡과 같은 이커머스를 통해 온라인 쇼핑을 즐기는 소비방식은 어제오늘의 일은 아니다. 하지만 코로나19로 온라인 쇼핑의 이용이 더욱 증가하였고, 급기야는 오프라인 유통의 대표 기업인 롯데쇼핑이 2020년 연내 120여 개점을 폐점한다고 발표하는 상황까지 오게 되었다.

이번 코로나를 계기로 온라인 엔터테인먼트 산업도 더욱 견고한 성장이 기대된다. 대면접촉을 하지 않고도 온라인 다중 접속을 통해 즐거움을 나눌 수 있는 온라인·모바일 게임 산업 분야는 앞으로도 지속적인 성장이 예상된다. 코로나19 펜데믹이 절정이었던 2020년 5월, 게임산업의 대표기업인 엔씨소프트의 주가는 사상 최고가를 기록하기도 했다. 전문가들은 또한 정보통신망의 발달로 스트리밍 서비스 기술이 더욱 향상되면서 고화질의 영상을 실시간으로 감상할 수 있는 넷플릭스 등의 영상 콘텐츠 제공 서비스 분야도 더욱 성장할 것으로 내다봤다.

핀테크(FinTech) 산업 분야

비대면산업을 이야기할 때 빼놓을 수 없는 대표적인 분야로 핀테크 산업을 들 수 있다. 핀테크란 금융(Financial)과 기술(Technology)의 합성어로 모바일을 통한 결제, 송금, 대출, 자산 관리 등 각종 금융서비스와 관련된 기술을 말한다.

이미 우리는 현금 없이도 카드나 각종 모바일페이를 통해서 불편함 없이 편리하게 결제를 하고 있다. 언제부터인가 나도 지갑 안에 현금을 넣지 않고 다니는 횟수가 점점 많아지고 있는데, 그럼에도 현금이 없어 문제가 된 적은 한 차례도 없었다. 이처럼 핀테크 기술의 적용으로 이미 금융산업에는 큰 변화가 진행 중이다.

핀테크 산업은 전통적 금융업무보다 비용이 절감되고 개인별 맞춤 업무를 볼 수 있는 등 양질의 서비스를 제공한다는 장점이 있다. 따라서 과거 최고의 직업 중 하나였던 은행원의 위상도 차츰 수그러들 것으로 예상된다. 대신 핀테크 기술의 확장으로 모바일을 통한 다양한 금융서비스가 제공되면서, 블록체인 개발자에 대한 수요는 크게 증가할 것으로 전망된다.

IT 분야

위에 언급한 4가지 유망산업 분야는 모두 비대면 접촉을 바탕으로 한 것들이다. 이번 코로나19 상황을 통해 대면접촉을 꺼리는 심리가 확대되면서, 해당 분야의 산업은 지금보다 더 크게 성장할 것으로 기대된다. 이 과정에서 가장 필요한 요소가 IT 기술의 발달이다. 따라서 과거의 전통적인 직업 세계관에 갇혀 지내지 말고 새로운 직업 세계를 탐색하는 것이 바람직하다.

그렇다면 4차 산업혁명 시대를 이끌 대표직인 IT 관련 직업에는 어떤 것들이 있는지 알아보자.

• AI 개발자

AI 개발자는 딥러닝(Deep Learning)/머신러닝(Machine Learning) 기술을 통해 컴퓨터가 스스로 학습하여 사람처럼 판단하고 대응할 수 있도록 프로그램을 개발하는 역할을 한다. AI 기술은 4차 산업혁명 시대의 가장 대표적인 IT 기술로 평가된다.

• IOT(사물인터넷) 개발자

IOT(Internet of Things)는 사물인터넷이라고도 하며 사물에 센서를 부착해 모바일기기나 온라인을 통해 실시간으로 데이터를 주고

받거나 제어할 수 있는 기술이나 환경을 구축하는 역할을 한다. 특히 주거공간과 사무공간의 최첨단 기술로 활용되고 있다. IOT 개발자는 센서와 사물인터넷의 서비스 인터페이스 기술을 개발하고 애플리케이션을 개발하는 역할을 한다.

• 클라우드 시스템 엔지니어

과거에는 컴퓨터에서 작업하거나 수집한 데이터를 물리적인 서버에 저장했지만, 최근에는 클라우드 기술을 통해 가상의 인터넷 공간에 저장하는 가상서버의 활용이 확대되고 있다. 클라우드 시스템 엔지니어는 이처럼 가상공간에 서버를 구축하거나 운영하는 역할을 한다.

• 빅데이터 전문가

빅데이터 전문가는 온라인상의 데이터를 실시간으로 수집, 저장, 분석하고 시각화하여 의료, 금융, 마케팅, 고객관리 등 모든 분야에서 의미 있는 분석결과를 도출하는 역할을 한다. 앞으로의 사회는 데이터의 중요성이 더욱 커지는 만큼 빅데이터 전문가의 가치도 더불어 크게 높아질 전망이다.

코로나19 팬데믹을 통해 4차 산업혁명은 더욱 가속화될 것이라는 것이 전문가들의 지배적인 의견이다. 이 과정에서 우리는 과거의 전통적인 직업 세계에만 얽매일 것이 아니라, 앞으로의 사회를 이끌 최첨단 산업 분야에 대한 관심을 가져야 한다.

현재도 위에 언급한 일부 직업들은 억대 이상의 연봉가치를 가지고 있으며, 국내 대기업뿐만 아니라 아마존, 구글, MS 등 글로벌 기업에서도 영입 1순위일 정도로 각광받고 있다.

'창직'으로 직업 선택의 한계를 뛰어넘어라

내가 취업을 준비하던 시절에도 그랬지만, 그때나 지금이나 진로에 대한 고민은 비슷하다. 선택지는 일반 기업에의 취업, 또는 고시를 통해 공무원이 되거나 자격증 취득을 통해 전문직으로 진출하는 것 정도가 거의 전부이다. 이런 이유로 취업시장은 날로 경쟁이 치열해지고, 취업에 어려움을 느끼는 청년들이 본인의 적성과 전혀 맞지 않는 직업을 선택하는 경우도 자주 발생한다.

그렇다면 발상을 달리해보면 어떨까? 직업을 선택하는 것이 아니라 내가 원하는 직업을 직접 만드는 것이다. 기존의 직업을 선택하는 것이 아니라 새로운 아이디어를 통해 내가 원하는 직업을 창조해내는 '창직(Job Creation)'에 대해서 이야기해보자.

같아 보이지만 서로 다른 창업과 창직

사실 창직이라는 단어가 일반인들에게 익숙한 단어는 아니다. 진로 관련 교육을 받아보지 못한 30~40대 성인들이라면 더욱 그럴 것이다. 그렇다 보니, 대부분의 사람들이 창업과 창직을 헷갈려 한다.

창업과 창직은 직접 기업(법인, 개인사업)을 설립하고 주도적으로 그 기업을 이끌어나간다는 점에서는 비슷하다. 그러나 창업은 단순히 기업을 설립하여 이미 세상에 존재하고 있는 사업을 운영하는 것을 말하지만, 그에 반해 창직은 기존에 존재하던 사업이나 일자리가 아니라 창조적인 아이디어와 활동을 통해 지금까지 세상에 없던 새로운 직업을 발굴하고, 이를 통해서 일자리를 창출하는 것을 말한다. 예를 들면 폐업 컨설턴트, 이혼 컨설턴트와 같이 다소 부정적으로 보이기는 하지만 기존의 직업과 반대되는 개념의 새로운 직업을 고안하는 것도 창직이 될 수 있다.

따라서 창직은 기존 직업 세계의 한계를 뛰어넘어 새로운 시장을 창출하고, 다른 직업과의 차별화를 통해 경쟁력을 갖출 수 있다는 점에서 도전해볼 만한 가치가 충분하다.

창직의 조건 4가지

위에 말한 것처럼 창직은 몇 가지 전제조건이 있다. 이 조건들을 반드시 충족해야만 하는 것은 아니지만, 다른 직업과의 차별화를 통한 경쟁력을 갖추기 위해서는 필요한 조건들이니 참고하기 바란다.

자신의 적성과 흥미가 일치하는 직업이어야 한다

창직을 통해 성공을 이룬 사람들을 보면 그 직업에 대해 수준의 관심과 흥미를 갖고 있는 경우가 많다. 즉 창직이라는 험난한 길을 꿋꿋하게 가기 위해서는 포기하지 않는 열정이 있어야 하고, 그 열정은 적성과 흥미를 통해 발휘된다.

남들보다 앞선 전문성이 있어야 한다

한 분야에 전문가가 되려면 1만 시간 정도의 훈련이 필요하다는 말이 있다. 이처럼 단지 취미 수준의 관심을 넘어서 꾸준한 연구와 훈련을 통해 그 분야의 전문성을 갖추는 것이 중요하다. 이러한 전문성이 바탕이 될 때 새롭고 참신한 아이디어가 나올 수 있고, 그 아이디어를 실행에 옮길 수 있다.

남들이 생각하지 못한 참신한 직업이어야 한다

이미 세상에는 너무나 많은 직업이 존재하고, 지금 이 순간에도 새로운 직업들이 생겨나고 있다. 그렇기 때문에 전혀 새로운 직업을 만들어내기는 쉽지 않다. 기존 직업들 간의 융합을 통해 새로운 직업을 창출하거나, 기존의 직업과 대립되는 개념을 통해 새로운 직업을 창출하는 것이 바람직하다. 미술과 치료의 융합을 통한 미술치료사나, 취업 컨설턴트와 대립되는 개념의 퇴직 컨설턴트가 그 예라 할 수 있다.

현실적인 부분을 고려해야 한다

대기업에서 수백억 원의 R&D 비용을 투입해도 새로운 직업을 만들어내기란 쉽지 않다. 하물며 한 개인이 새로운 직업을 만들어 내는 것은 더욱 어려울 수밖에 없다. 따라서 고도의 기술력과 시간, 그리고 큰 규모의 투자비용이 들어가는 창직은 아무리 아이디어가 좋다 하더라도 되도록 피하는 것이 좋다. 투자비용이 적어 쉽게 접근할 수 있고, 참신한 아이디어와 열정만으로도 충분히 도전할 수 있는 분야를 발굴하는 것이 성공확률을 높일 수 있다.

창직 분야 탐색방법

그렇다면 어떤 분야에서 창직을 알아보는 것이 좋을까? 정답은 '당신이 좋아하고 능력을 발휘할 수 있는 분야'이다. 그래야만 중도에 쉽게 포기하지 않고, 남들과의 경쟁에서도 이길 수 있는 경쟁력이 생긴다. 우선 최신 트렌드를 파악하는 것이 중요하다. 트렌드를 파악하면 좀 더 쉽게 해답을 찾을 수 있다.

공유경제

공유 오피스, 공유 주방, 에어비앤비 등 물품이나 공간을 소유하는 것이 아니라 서로 대여하여 사용하는 경제활동이 활발하다. 이러한 공유경제의 개념을 잘 활용한다면 좋은 아이디어가 떠오를 수 있다.

플랫폼 서비스

숙박예약 서비스, 배달주문 서비스, 부동산 거래 서비스 등으로 이제는 많은 이들이 플랫폼 서비스에 익숙해졌지만, 이런 분야도 처음에는 아이디어만으로 발품을 팔며 밑바닥에서부터 시작해 결국 성공한 사업들이다. 앞으로도 아이디어만 있다면 적은 자본으로도 충분히 새로운 플랫폼을 개발하여 창직에 도전해볼 수 있을 것이다.

핸드메이드

IT 기술의 급속한 발전으로 생산된 4차 산업혁명 시대의 다양한 디지털 상품들은 삶에 편리함을 가져다줄 수 있지만, 감성적인 부분까지 커버하기에는 분명 한계가 있다. 세상이 점점 디지털화되어갈수록 아날로그에 대한 향수와 희소성의 가치는 분명 큰 차별성과 경쟁력을 갖출 수 있다. 획일화되고 정형화된 제품들 속에서 당신만의 아이디어로 탄생한 핸드메이드 제품은 분명히 큰 사랑을 받을 것이다.

디지털 콘텐츠

창직의 대표선수라고 할 수 있는 인플루언서나 유튜버, 크리에이터라는 직업은 인기와 더불어 고수익을 거둘 수 있는 직업으로 이미 청소년의 희망직업 10위권에 오를 정도가 되었다. 진입장벽이 낮을 뿐만 아니라 누구에게나 공평한 기회를 제공하는 매체이니만큼, 자신만의 아이디어와 전문성을 활용하여 차별화된 콘텐츠를 제작한다면 충분히 도전해볼 만한 분야라 하겠다.

지금까지 창직에 대해서 알아보았다. 물론 전통적인 직업적 관점에서 보면 성공 확률이 낮고, 그만큼 고용도 불안하다는 점은 부인할 수 없다. 하지만 4차 산업혁명이 막 시작된 지금, 직업 세계는 예상보다 더 빠르게 변화하고 있다. 과거에 최고 인기직업이었던 은행원의 인기는 해가 갈수록 시들어가고 있고, 대기업에서도 매년 구조조정을 통해 많은 노동자들이 실직 상황에 놓이고 있다. 직업을 선택하는 데 정답이 있는 것은 아니지만, 높은 청년실업률과 짧아진 근속기간이 일반적인 지금의 고용 환경에서 창직은 충분히 매력적인 대안이 될 수 있다.

5장

HR 전문가가 알려주는 꼭 뽑고 싶은 인재의 조건

첫인상이 좋은 인재

면접관의 육감

오래전 〈경찰청 사람들〉이라는 TV 프로그램에서 “눈빛만 봐도 대충 범죄자인지 아닌지 가릴 수 있다”라고 말하던 어느 베테랑 수사관의 인터뷰가 생각난다. 아니, 점쟁이도 아닌데 그걸 어떻게 알 수 있단 말인가? 그러나 답은 비교적 간단하다. 그동안 수많은 범죄자의 눈빛, 말투, 행동에 대한 빅데이터가 수사관의 머리에 고스란히 담겨 있기 때문이다.

나 또한 HR 담당자로 오랜 기간 면접과 면담을 하다 보니 상대방의 첫인상만 봐도 대략적인 성향이 파악된다. 물론 절대적인 것은 아니지만, 첫인상에서 느껴지는 그 사람의 이미지와 입사 후의 모습이 상당 부분 일치하는 경험을 자주 하게 되었다.

얼마 전 취업 포털 '잡코리아'에서 흥미로운 설문조사를 했다. 중소기업 채용 면접관 883명을 대상으로 '채용 면접에서 첫인상이 미치는 영향'에 대한 설문조사를 했는데 약 86%가 첫인상이 면접 결과에 영향을 미친다고 답했다.

"그럼 얼굴 잘생기고 예쁜 사람이 유리하다는 말인가? 외모 지상주의가 아니고 뭐란 말인가?"라며 불만을 토로할지도 모르겠다. 아니라고 말하고 싶지만, 안타깝게도 잘생기고 예쁜 사람이 유리한 것은 사실이다. 하지만 걱정할 필요는 없다. 면접관들이 생각하는 외모의 기준은 이목구비가 아니라 그 사람의 인상에서 전해지는 호감도이기 때문이다.

미국의 커뮤니케이션 전문가이자 UCLA의 심리학 교수인 앨버트 메러비언(Albert Mehrabian)의 저서《침묵의 메시지(Silent Messages)》에 소개된 '메러비안의 법칙'은 아직도 커뮤니케이션 강의 분야에서 널리 인용되고 있다.

메러비안의 법칙을 간단히 요약하면, 상대방과의 대면접촉 과정에서의 커뮤니케이션은 언어적인 방식과 비언어적인 방식으로 나눌 수 있는데, 호감도를 결정짓는 요인은 말의 내용이 아니라 목소리, 표정, 행동과 같은 비언어적인 요소라는 것이다. 쉽게 이야기하면 아무리 논리적으로 말을 잘해도 상대방이 느끼는 인상이 좋지 않으면 마음을 사로잡을 수 없다는 것이다.

첫인상 속에 숨겨진 비밀

우리는 보통 이러한 비언어적 요소를 종합하여 첫인상이라고 한다. 그럼 이처럼 중요한 첫인상은 얼마 만에 결정이 될까? 이미지 컨설턴트인 카밀 래빙턴(Camille Lavington)의 저서《첫인상 3초 혁명(you've Got Only Three Seconds)》에서는 3초면 상대방에 대한 호감도가 결정된다고 한다.

가정을 하나 해보자. 하버드대학교에서 MBA 학위를 받은 잘생긴 청년이 면접 자리에 앉았다. 말끔히 정장을 차려입은 그는 면접관에게 인사도 하지 않은 채 무표정하게 자리에 앉는다. 이 상황이 벌어지는 데까지 걸린 시간은 단 3초에 불과하다. 하지만 그 짧은 시간 면접관들은 머릿속으로 '좋은 대학교를 졸업한 걸 보니, 잘난 척을 많이 하겠네', '칼 정장을 입은 것을 보니 융통성이 없어 보이는데', '오뚝한 콧날을 보니까 성격이 까칠해 보이는군'이라는 부정적인 결론을 단 3초만에 내릴 것이다. 그러고 나면 아무리 논리적으로 말을 잘하고 전문지식이 많다고 해도, 그 면접관들에게는 약장수의 말처럼 공허하게 들릴 뿐이다.

사실 그 청년은 예의 바르고 겸손하며, 대인관계도 좋아 주변에 친구도 많은 멋진 청년일지도 모른다. 다만 너무 긴장한 탓에 표정이 굳고, 인사를 하는 것조차 잊었던 것일 수도 있다.

그렇다면 면접관들이 그 청년에게 좋지 않은 첫인상을 가지게 된 상황은 매우 불합리한 것이라고 말할 수 있다. 나도 그렇게 생각한다. 하지만 안타깝게도 많은 사람들이 이러한 첫인상의 착각에 빠지곤 한다. 이러한 현상을 심리학에서는 '초두효과(Primacy Effect)'라고 하는데, 처음 뇌에 전달된 정보가 나중에 전달된 정보보다 더욱 강하게 뇌리에 각인되는 것을 말한다. 그 결과 설령 나중에 전달된 정보가 사실이라 해도 먼저 받아들인 정보 때문에 쉽게 생각을 바꾸지 못하게 되는 것이다. 따라서 상대방과의 첫 대면에서 첫인상은 아무리 강조해도 지나치지 않은 중요한 요소다.

첫인상의 호감도를 극대화하는 기술 3가지

면접 과정에서 높은 호감도를 주는 지원자들에게는 3가지 공통점이 있다. 첫째는 밝은 미소, 둘째는 바른 시선, 셋째는 신뢰감 있는 목소리이다. 이 세 요소만 잘 갖춘다면 당신도 면접관들의 마음을 단번에 사로잡을 수 있을 것이다.

밝은 미소를 지어라

인상을 결정짓는 요소 중에서 가장 큰 비중을 차지하는 것은 바로 미소이다. 입가에 띤 가벼운 미소는 자신의 이미지를 비호감형에서 호감형으로 바꿔놓을 수 있는 마법과도 같은 힘을 가지고 있다. 평소 미소에 익숙하지 않은 사람이라면 매일 아침 거울을 보면서 입꼬리를 올리고 밝게 웃어보자.

이때 광대 근육을 최대한 당겨 웃어야 한다. 입꼬리를 올린 상태로 30초 정지하는 것을 매일 3회씩 반복하면 얼굴의 미소 근육이 발달하여 평소에도 자연스러운 명품 미소를 가질 수 있다.

시선 처리를 바르게 하라

대부분의 사람들은 자신감이 없거나 거짓말을 할 때면 상대방의 눈을 회피하는 경향이 있다. 이러한 현상은 면접 과정에서도 고스란히 나타나게 되는데, 그렇기 때문에 면접관은 시선 처리가 불안정한 면접자를 보면 신뢰도에 의구심을 가지기도 한다. 이처럼 시선 처리는 신뢰도를 높이는 데 매우 중요한 요소 중 하나이다.

바른 시선 처리를 위해 가장 중요한 것은 자신감이다. 자신에 대한 확신과 자신감이 없다면 아무리 시선을 상대에게 고정시킨다 해도 진실되게 보이지 않는다. 면접관은 상대방 눈동자의 떨림까지도 파악하기 때문이다. 그다음은 올바른 자세이다. 허리를 바르게 세우고, 턱은 살짝 안으로 당겨 정돈된 모습을 만드는 것이 좋다. 이때 너무 경직되어 보이지 않도록 주의하자.

마지막이 시선 처리다. 면접 시에는 대부분 여러 명의 면접관이 참석하기 때문에, 한 사람에게만 시선을 고정하는 것은 좋지 않다. 모든 면접관들에게 순차적으로 시선을 던지며 대화를 이어가는 것이 자연스러우며, 본인에게도 상대방에게도 부담감을 덜 주게 된다.

신뢰감 있는 목소리를 내라

취업이 점점 더 어려워지면서 최근에는 목소리를 멋지게 만들어주는 보이스 트레이닝 학원도 많이 생겨나고 있다. 하지만 인위적으로 만들어진 세련되고 멋진 목소리보다는 조금 투박하고 서툴더라도 진심이 담긴 울림 있는 목소리가 더 크게 어필할 수 있다. 그러기 위해서 가장 중요한 것은 자신의 이야기를 하는 것이다. 면접을 위해 만든 이야기나 인터넷에 떠도는 글들을 달달 외워서 하는 말은 면접관의 마음을 절대 움직일 수 없다. 또 목소리는 되도록 크게 하자. 목소리가 작은 사람은 소극적이고 자신감이 없을 것이라는 선입견을 심어줄 가능성이 높기 때문이다. 그러므로 평소 목소리가 작다면 또박또박 끊어서 크게 말하는 연습도 필요하다. 물론 이때도 강약은 조절하는 것이 좋다.

대부분의 사람들은 상대방에게 처음 느낀 첫인상을 매우 중요하게 생각한다. 그렇기 때문에 지금 상대방에게 어떤 사람으로 비쳐지고 있는지는 매우 중요하다. 첫인상은 3초 만에 결정되지만, 그 첫인상을 바꾸기 위해서는 200배의 노력과 시간이 필요하다는 사실을 명심하기 바란다.

자신을 누구보다 잘 알고 있는 인재

면접을 진행하다 보면 여러 유형의 지원자를 만나게 된다. 좋은 인상을 주는 지원자도 있지만 때로는 정반대의 인상을 심어주는 사람도 있다. 그 대표적인 유형으로 자신을 과대평가하는 사람을 꼽을 수 있다.

이런 유형의 면접자들은 면접 내내 자기 자랑을 늘어놓는다. 그러다 면접 결과에서 불합격이 되어도 어떤 부분이 부족해서 불합격되었는지 잘 모르는 경우가 많다. 혹시 나도 이러한 유형이 아닌지 되돌아보고, 어떻게 하면 이런 유형의 후보자가 되지 않을 수 있는지 알아보자.

겸손의 미덕을 실천하라

면접은 자신이 어떤 사람이며 무엇을 잘할 수 있는지 어필할 수 있는 가장 중요한 시간이다. 하지만 '과유불급(過猶不及)'이라는 말처럼 너무 긴장을 하거나 과욕을 부려 면접을 망치는 경우를 자주 본다.

면접 중에 아래의 항목을 경험한 적이 있는지 한번 체크해보자.

- 면접 분위기가 좋다고 생각했는데 불합격 통보를 받는다.
- 내가 답변하는 중에 면접관이 말을 끊는 경우가 자주 있다.
- 면접관이 작은 단서에 대해 집요하게 파고드는 경우가 많다.
- "정말 말씀을 잘하시네요"라는 칭찬을 자주 듣곤 한다.
- 단점이나 약점이 무엇이냐는 질문을 자주 받는다.

위의 항목에서 3가지 이상에 해당된다면, 스스로에 대해서 진지하게 돌아볼 필요가 있다. 먼저 이런 상황이 일어나는 이유를 알아보자.

면접 분위기가 좋았는데 불합격 통보를 받는다

이제는 면접관들도 지원자에게 평가를 받는 시대가 됐다. SNS를 통해 면접관의 태도를 지적하는 경우도 있고, 스터디 모임 안에서 자신들의 면접 경험을 자세히 공유하기도 한다. 이 과정에서 좋지 않은 내용이 공유될 경우 기업 이미지에도 좋지 않은 영향을 미치기 때문에, 요즘에는 면접관들도 이미지에 꽤 신경을 쓰는 편이다. 특히 지원자의 유형에 따라 면접 초반에 이미 불합격으로 결정되면, 그 후의 시간은 좋은 관계로 마무리하려는 경우가 많다. 그래서 당사자는 면접 내내 분위기가 좋았으므로 합격할 것이라고 착각하지만, 결과는 불합격 통보를 받는 상황이 자주 발생하는 것이다.

답변하는 중에 면접관이 말을 끊는 경우가 자주 있다

답변이 다소 길다 해도 그 내용이 들을 만한 가치가 있고 면접자를 평가하는 데 유의미한 단서가 된다면 면접관이 답변 도중 말을 자르지는 않는다. 그러나 면접 시간에는 제한이 있다 보니, 불필요한 말들로 시간이 지체된다면 중간에 답변을 자르는 경우도 발생한다. 또 자신을 어필하기 위해 자기 자랑을 너무 길게 하거나 질문과는 전혀 무관한 엉뚱한 이야기를 늘어놓는 경우에는 면접관도 인내심의 한계를 느껴, 답변 도중에 말을 끊게 된다.

면접관이 작은 단서에 대해 집요하게 파고드는 경우가 많다

자기 어필이 과하고 답변이 두서없이 긴 면접자에게는 면접관도 집중하기 힘들다. 그러다 간혹 면접자의 답변에 신뢰도가 떨어진다거나, 순간순간의 특정 단어가 마음에 걸리는 경우도 종종 있다. 그래서 의심이 가는 단서를 하나 발견하게 되면 그 부분을 밝히기 위해 집요하게 물어보게 되는 것이다.

"정말 말씀을 잘 하시네요"라는 칭찬을 자주 듣곤 한다

이것은 정말 칭찬으로 하는 말일 수도 있다. 하지만 어쩌면 어이가 없어서 하는 말이거나 적당히 하라는 의미의 말일 수도 있다. 만약 후자의 경우라면, 대부분 이런 유형의 면접자들은 언변이 매우 유창하거나 자신을 포장하는 탁월한 능력을 지닌 경우가 많다. 1가지를 알아도 마치 10가지를 알고 있는 것처럼 이야기한다. 그렇다 보니 때로는 운 좋게 합격하는 경우도 물론 있다. 하지만 화려한 언변과 임기응변으로 면접에서 통과한다 하더라도, 입사 후에 반드시 밑천이 드러나고 만다.

단점이나 약점이 무엇이냐는 질문을 자주 받는다

"자신의 장점은 무엇인가요?"라는 질문에 면접자들은 거침없이 자신의 장점을 이야기한다. 간혹 서툴게 말하는 경우도 있지만, 대부분의 지원자들은 자신의 장점에 대해서는 비교적 답변을 잘하는 편이다. 그러나 반대로 단점을 묻는 질문에는 "저의 이런 단점이 때로는 장점이 되기도 합니다"와 같이 인터넷에 떠도는 면접 모범답안을 외운 듯이 인용하거나 제대로 이야기하지 못하는 경우가 많다. 어떤 지원자는 "저는 특별한 단점이 없다는 것이 가장 큰 단점입니다"라고 진심인지 말장난인지 모를 답변을 하기도 한다.

면접관이 만약 당신의 단점에 대해서 깊이 파고든다면, 면접 과정에서 본인이 좀 과하게 자신의 장점만을 강조한 것은 아닌지 생각해보자.

왜 면접관들은 자기이해도가 높은 인재를 선호할까?

다중지능이론을 제시한 하워드 가드너(Howard Gardner)는 인간의 8가지 지능 중 '자기이해지능'을 매우 중요한 지능이라고 강조하였다. 전문 분야에서 성공을 이룬 사람들의 다중지능검사 결과를 보면 음악가는 음악지능, 건축가는 공간지능이 높게 나타난다. 그런데 그와 더불어 공통적으로 높게 나오는 지능이 바로 자기이해지능이다. 자신을 안다는 것은 하나의 객체로써 스스로에 대해 객관적으로 진단할 수 있고, 그 과정에서 장점은 개발하고 부족한 부분은 보완할 수 있는 중요한 요소이기 때문이다.

EBS에서 방영한 〈다큐프라임〉 '아이의 사생활' 4부 다중지능 편을 보면 공부를 잘하는 학생과 그렇지 않은 학생에게 자기이해도 측정을 실시한 결과 공부를 잘하는 학생의 자기이해지능이 매우 높게 나타났다. 공부를 잘하는 학생 그룹은 자신이 모르는 것이 무엇인지 잘 알고 있기 때문에 그 부분을 집중적으로 공부하여 효과적으로 성적을 향상시키지만, 자기이해도가 낮은 학생은 자신이 아는 것과 알지 못하는 것을 정확히 구분하지 못하므로 공부 시간을 더 들이면서도 효과는 더 낮게 나타났다.

이 공식을 직장으로 옮기면, 직장 내에서도 일을 잘하는 사람은 자신에 대한 이해도가 높은 사람이라고 할 수 있다. 달리 이야기하면 자기이해도가 높기 때문에 일을 잘하는 것이다. 즉 상대방과의 상호작용 과정에서 자신의 문제 행동을 스스로 인지하고 그 부분을 수정함으로써 타인과의 관계를 원만히 할 수 있으며, 맡은 직무에서 부족한 부분을 파악하여 보완한다. 반면 자기이해능력이 부족한 직원은 기본적으로 자신의 주장이나 생각이 옳다고 생각하기 때문에 협업이 잘 이루어지지 않고, 부족하거나 잘못된 부분에 대해서도 제대로 인지하지 못하여 개선의 노력도 하지 못한다.

따라서 면접 과정에서 무조건 자신의 말이 옳다고 주장하거나 자신의 장점만 강조한다면, 면접관은 그 지원자의 말을 곧이곧대로 듣지 않고 색안경을 끼고 바라보게 된다.

자기이해를 높이는 3가지 방법

자기이해도가 대인관계나 업무성과에 미치는 영향이 얼마나 중요한 것인지 알았을 것이다. 그렇다면 이제 자기이해도를 높이는 방법에 대해서 알아보자.

일기 쓰기를 통해 자기를 성찰하기

사람은 누구나 실수를 한다. 아무리 훌륭한 사람이라도 모든 것을 완벽하게 해낼 수는 없다. 혹시 오늘 하루 내가 다른 사람의 말을 무시하지는 않았는지, 동료 사원의 도움 요청을 거절하지는 않았는지, 오늘 수행한 업무에서 부족한 부분은 없었는지 등을 곰곰이 생각하며 일기를 써보자. 이렇게 꾸준하게 일기를 쓰면 자기 자신을 이해하는 데 큰 도움이 된다.

친한 사람에게 피드백 받기

당신의 말과 행동에 대해서 오랫동안 당신을 지켜봐온 친한 친구나 동료에게 피드백을 받는 것도 좋은 방법이다. 그들이 당신을 더 객관적으로 파악하고 있을 수도 있기 때문이다. 만약 상대방의 솔직한 피드백에 불편한 마음을 느꼈다면, 그 자체가 당신의 핵심을 찌른 것이거나 당신이 생각하는 자아상이 잘못된 것일 수도 있다. 자신의 생각과는 전혀 다른 피드백을 받았다면 스스로를 냉정하게 돌아보는 자세도 필요하다.

진단도구를 활용하여 자기 관찰하기

MBTI나 DISC와 같은 성격유형 진단도구를 활용하여 자기이해도를 높이는 것도 좋은 방법이다. 자신의 생각대로 결괏값이 나오는 경우도 있지만, 전혀 다른 모습의 결괏값이 나오는 경우도 종종 있다. 따라서 진단도구를 활용하여 자신을 좀 더 객관적으로 이해하고, 그 이해를 바탕으로 타인과 상호작용을 한다면 관계적인 측면에서도 많은 도움이 될 것이다. 또 면접 과정에서 면접관의 질문 의도를 파악하고 적절히 대응하는 데에도 도움이 될 것이다.

기업의 인재상에 부합하는 인재

집안에 가훈이 있는 것처럼 기업에도 핵심가치나 인재상이 존재한다. 기업의 인재상은 그에 부합하는 인재를 채용하거나 채용 후 해당 인재상에 부합하는 인재로 육성하기 위한 기준이 된다.

따라서 기업은 면접 과정에서 최대한 해당 지원자가 자사의 인재상에 부합하는 인물인지 확인하기 위한 질문을 하게 된다. 그런데 그 기업에 지원하면서 그 기업의 인재상이 무엇인지도 모른다면 말이 되겠는가.

당신이 사장이라면 어떤 인재를 뽑고 싶은가?

먼저 관점을 바꾸어 생각해보자. 만약 당신이 기업의 사장이라면 어떤 사람을 뽑고 싶겠는가? 나는 면접 과정에서 '당신이 생각하는 인재상은 무엇인가' 하는 질문을 할 때가 있다. 그리고 이 질문에 대해 기업의 인재상에 부합하는 답변을 하는 지원자를 간혹 보게 된다. 물론 그것만으로 단정할 수는 없지만 일단 기업의 인재상과 어느 정도 일치하는 인재라고 판단할 수 있다.

만약 당신이 위의 질문에 대한 답으로 일을 잘하는 인재, 또는 성과를 내는 인재를 뽑고 싶다고 생각했다면, 각 기업에서는 오너의 성향, 조직문화, 산업군에 따라 일을 잘하는 인재가 갖추어야 할 요건이나 역량이 다를 수 있다. 예를 들어 패션이나 엔터테인먼트 산업이라면 창의적인 인재가 우선시될 수 있을 것이고, 무역을 주로 하는 기업이라면 드라마 〈미생〉의 주인공 장그래가 보여준 것처럼 도전적이고 근면한 인재를 선호할 수도 있다.

이처럼 지원하고자 하는 기업의 인재상을 확인할 때는 단순히 그 기업의 인재상만 볼 것이 아니라 그 기업이 속해 있는 산업군과 기업의 역사를 함께 이해하면 더 많은 도움이 된다.

기업의 인재상이 사라지고 있다

과거 1, 2차 산업에서 3차 산업으로, 그리고 지금은 4차 산업으로 산업의 중심이 빠르게 변화하면서 기업의 인재상도 큰 변화를 맞이하고 있다. 전통적인 제조업, 건설업, 무역업 등은 산업군의 특성이 명확했고, 그렇기 때문에 기업의 미션과 비전을 달성하기 위한 인재상이 매우 중요한 역할을 했다. 그리고 지금도 삼성, 현대, LG와 같은 전통적인 대기업은 기업의 인재상과 핵심가치를 매우 중요하게 생각한다. 반면에 3차 산업과 4차 산업 시대에 새롭게 등장한 기업들은 인재상에 대해 크게 중요도를 두지 않는 경향이 있다. 빠르게 변하는 경쟁사회에서 특정 인재상을 미리 정하고 그 기준에 부합하는 사람만을 뽑겠다는 것이 구시대적인 발상이라고 생각하기 때문이다.

실례로 IT 산업의 대표적 기업인 카카오와 네이버의 홈페이지를 보면 별도의 인재상이 존재하지 않는다는 것을 알 수 있다. 대신 이 기업들은 일하는 방식에 초점을 두고 해당 산업에서 효율적이고 효과적으로 일하는 방식에 대해 일부 항목을 정의하고 있다.

따라서 기업에 인재상이 없는 경우에는 직무 관점에서 인재상을 유추해보는 것이 좋다. 일을 잘하기 위해서는 일하는 방식에서 어떤 것들이 중요한지에 대해서 각자의 직무를 중심으로 생각해보자.

기업이 원하는 인재상은 무엇일까?

내가 가고 싶은 기업의 인재상이 '도전적이고 진취적인 인재'인데 본인은 지금까지 도전적이거나 진취적이었던 적이 없었다면, 냉정하게 말해서 그 기업은 본인과 맞지 않는 기업일 것이다. 만약 억지로 그런 인재인 것처럼 꾸며서 면접을 보고, 그 결과 입사하게 된다고 해도 어쩌면 자신의 성향과 맞지 않아 오래 다니지 못하고 곧 퇴사를 고민하게 될지도 모른다. 따라서 기업을 선택하고 입사 지원을 할 때는 먼저 기업의 인재상이 자신의 가치와 일치하는지를 먼저 살피는 것이 중요하다.

다행히 앞서 이야기한 것처럼 최근 많은 기업들은 기업의 인재상에 대해 큰 의미를 두지 않는 경우가 많다. 이럴 때는 직무 중심으로 범용적인 인재상에 집중하면 된다. 예를 들어 중소·중견 기업에 지원할 경우, 대체적으로 기업이 원하는 인재상은 다음과 같다.

멀티태스킹이 가능한 인재

중소·중견 기업의 특성상 일하는 직원의 수가 많지 않기 때문에 세부적인 특정 업무보다는 다양한 업무를 수행할 수 있는 인재를 선호한다. 하지만 그렇게 일하다 보면 몇 년 후에는 해당 직무의 전문성 면에서 경쟁력이 낮아질 수밖에 없다. 따라서 중소·중견 기업에서는 스스로 자기개발에 더욱 신경을 써야 한다.

조화를 이룰 수 있는 인재

넓은 호수에 먹물을 부으면 아무런 변화가 없지만 작은 연못에 먹물을 부으면 연못이 검게 변한다. 이처럼 규모가 작은 기업은 한 사람의 성향이 조직에 미치는 영향이 매우 크다. 따라서 중소·중견 기업에서는 특히 조직에 잘 융화될 수 있는 인재를 선호한다.

장기근속이 가능한 인재

취업이 어렵다고 하지만 막상 중소·중견 기업에서는 지원자가 없다고 울상이다. 그만큼 기업에서도 채용에 어려움을 겪고 있다. 그러므로 입사 후 얼마 지나지 않아 퇴사할 것 같은 인재보다는 5년 이상 꾸준하게 근무할 수 있는 인재를 선호한다.

직무 지식을 갖춘 인재

중견·중소 기업은 대기업에 비해서 이직이 잦은 편이고, 직무교육을 체계적으로 할 수 있는 환경이 마련되어 있지 않은 경우가 많다. 그렇다 보니 1~2년의 육성 과정을 거쳐 활용이 가능한 인재보다 입사 후 바로 실무에 투입할 수 있는 준비된 인재를 선호한다.

이처럼 특정 산업군이나 기업의 규모에 따라 원하는 인재상은 조금씩 차이가 있다. 그렇기 때문에 단순히 홈페이지에 올라와 있는 인재상만 보고 면접을 준비하기보다는 기업이 처한 상황과 특성을 잘 파악하여 정말로 그 기업이 원하는 인재상이 무엇인지, 그리고 자신이 그 인재상에 부합하는지를 판단하여 지원한다면, 면접관의 마음을 충분히 사로잡을 수 있을 것이다.

자존감이 높은 인재

면접장에서 가장 흔히 보게 되는 모습 중 하나는 자신감이 부족해 보이는 지원자들이 많다는 것이다. 물론 몇 차례의 탈락 경험과 면접장의 무거운 분위기, 불투명한 미래에 대한 불안을 고려하면, 보통 멘탈로서는 당당하고 자신감 넘치는 모습으로 면접을 보기가 쉽지 않을 것이다. 그래서 면접관들도 진행 과정에서 지원자가 긴장하거나 위축된 모습을 보인다 해도 그것을 합격과 불합격을 결정하는 중요한 단서로는 활용하지 않는다. 실제로 최종면접 과정에 전달된 1차 실무 면접관들의 평가 내용을 보면, "많이 긴장하여 자신의 장점을 잘 보여주지 못했으나……"와 같은 평가내용이 자주 등장한다. 따라서 긴장한다고 해서 반드시 불합격하거나, 면접관들이 당신의 장점을 발견하지 못하는 것은 아니다. 물론 긴장하지 않고 자신감 있는 태도로 자신의 생각을 논리적으로 전달한다면 더 좋겠지만 말이다.

자존감과 자신감을 구분하라

많은 사람이 혼동하는 단어가 바로 자신감과 자존감이다. 얼핏 보면 비슷하게 보이지만 두 단어는 엄연히 다르다. 이 책은 심리학에 관한 책은 아니니 간단하게만 다루어보겠다.

자존감이란 타인의 외적인 인정이나 칭찬에 의해서가 아니라 자신 내부의 성숙한 사고와 가치에 의해 얻어지는 의식이다. 그에 비해 자신감은 어떤 일을 해낼 수 있다고 믿는 믿음이다. 즉 자존감은 타인의 관점이 아니라 스스로 자신을 가치 있게 여기는 마음이라 할 수 있다. 그렇기 때문에 자존감이 높은 사람은 어떤 상황에서든 좌절하지 않으며 면접 과정에서 잠시 자신감이 떨어지더라도 금방 회복할 수 있다. 반면 자신감은 타인과의 비교에서 발생하는 긍정의 마음으로, 타인이 더 뛰어나거나 외부 상황에 변화가 오면 자신감이 떨어질 수도 있다.

면접관들은 자신감보다는 그 사람의 자존감이 높은지에 더 관심을 갖는다. 자존감 없이 자신감만 넘친다면 자칫 자만심으로 보일 수도 있으므로 유의하는 것이 좋다.

자존감이 높은 사람의 특징 3가지

그럼 면접관의 관점에서 보는 자존감이 높은 지원자들의 특징에는 어떤 것들이 있을까?

면접관과의 시선을 피하지 않는다

이런 이들은 아무리 긴장을 해도 눈빛에서 당당한 모습을 느낄 수 있다. 다수의 면접관이 있을 때에도 한 면접관에게만 시선을 고정하지 않고, 여러 면접관을 적절히 바라보면서 존중하는 모습을 보여준다.

타인과 자신을 비교하지 않는다

본인이 어떤 성과를 이루었다면 그 성과에 대해서만 이야기할 뿐, 결코 경쟁자들과 비교하여 그들보다 잘해서 성과를 이루었다고 말하지 않는다. 예를 들어 졸업작품 프로젝트에 대해 이야기한다면 일반적인 면접자들은 "6명의 조원들과 함께 졸업작품을 진행했는데, 모두가 조장을 하지 않겠다고 해서 제가 조장을 맡았습니다. 그 과정에서 프로젝트에 잘 참여하지 않는 조원들을 설득해가며 프로젝트를 완수할 수 있었습니다"라고 말한다. 물론 자신의 리더십을 어필하기 위한 답변일 것이다.

반면 자존감이 높은 후보자는 "6명이 참여한 졸업작품 프로젝트에서 조원들의 추천으로 조장의 역할을 수행하였습니다. 어려운 과정도 있었지만, 조원들을 잘 이끌어 프로젝트를 완수할 수 있었습니다"라고 답변한다. 똑같이 리더십을 내세우지만, 자존감이 높은 면접자는 '타인이 못해서, 내가 더 잘해서'라는 표현을 하지 않는다.

인 아웃(IN-OUT) 관점에서 생각한다

예를 들어 마지막 소감을 말할 때 일반적인 지원자들은 "조직문화가 잘 갖추어진 귀사의 일원이 되어 자부심과 긍지를 느끼며 열심히 일하겠습니다"라고 말한다. 하지만 자존감이 높은 후보자들은 "지금보다 더 좋은 기업이 될 수 있도록 열심히 일하겠습니다"라고 이야기한다.

어떤 차이가 있을까? 앞서 답변한 면접자는 회사의 조직문화가 자신이 기대했던 것과 차이가 있거나, 자신이 기대하는 것을 회사가 제공해주지 않을 경우 불평과 불만을 가질 확률이 높다. 반면 두 번째 답변을 한 자존감이 높은 면접자는 입사 후에 자신이 어떤 일을 해야 하는지에 초점을 맞추는 경우가 많다.

또 다른 예를 들어보자. 마지막으로 묻고 싶은 질문이 있느냐는 물음에 일반적인 지원자들은 복리후생제도를 물어보거나 회사의 조직문화에 대해 질문한다. 즉 자신이 무엇을 받을 수 있는지에 대해 주로 질문한다. 반면 자존감이 높은 면접자는 입사하게 되면 어떤 업무가 주어지는지, 본인이 어떤 일을 할 수 있는지에 대한 질문을 많이 한다.

물론 위에서 이야기한 사례들이 반드시 정확하게 일치하는 것은 아니다. 사람은 로봇이나 컴퓨터가 아니기 때문에 사람의 특성을 둘로 구분하여 판단하거나 평가하는 것은 매우 위험한 방법이다. 하지만 기본적으로 자존감이 높은 면접자들은 타인 또는 외부환경에 초점을 맞추지 않고 오로지 자기효능감을 바탕으로 잘할 수 있다는 자기 확신과 자기애가 높다는 공통점을 보인다. 자신을 사랑하는 사람이라야 타인도 사랑할 수 있는 마음의 여유를 가질 수 있는 것이다.

해당 직무에 대한 전문지식을 갖춘 인재

당신에게 기업은 당신의 가치를 실현시켜주고 삶을 영위할 수 있게 해주는 곳이다. 하지만 기업의 입장에서 당신은 기업의 가치를 극대화하고자 일을 시키는 수단이다. 기업에서 워라밸을 강조하고 복지제도를 강화하는 것도 당신을 행복하게 해주기 위해서가 아니라 결국은 기업의 성과를 올리기 위해서이다. 즉 기업은 일을 잘해서 성과를 낼 수 있는 인재를 뽑고 싶어 한다.

직무 중심 채용으로 변화하는 채용방식

다소의 차이는 있겠지만 대기업에서 신입사원을 채용할 때에는

1차 서류전형을 통해 기업이 원하는 인재의 조건에 충족하는지 소위 말하는 '스펙'을 보고, 자체적으로 진행하는 필기시험을 거쳐 최종적으로 면접 과정을 통해 채용하는 것이 일반적이었다. 그렇게 합격한 신입사원들은 2~3개월간의 교육과정을 거쳐, 자신의 의사와는 무관하게 교육기간의 성적에 따라 그룹사나 직무부서로 발령받는다.

[전통적인 채용방식]

서류전형(스펙) → 필기 테스트 → 면접 → 합격 → 교육 → 현업 배치

하지만 글로벌 경쟁이 가속화되고, 실무경쟁력을 갖춘 인재의 중요성이 대두되면서 기업들은 전통적인 채용방식에서 탈피하여 새로운 형태의 채용방식을 도입하고 있다. 즉 직무에 대한 재능이나 흥미 없이 단지 공부 머리만 좋은 신입사원을 채용하기보다는 특정 직무에 적성과 흥미를 가지고 있으면서 일정 수준의 직무역량을 갖춘 인재를 채용하는 형태로 변화하는 추세이다.

이렇게 기업들의 채용방식이 변화하고 있는 데에는 그만한 이유가 있다. 매년 대규모로 신규 채용을 하지만, 자신의 적성과 맞지 않는다는 이유로 얼마 다니지 못하고 퇴사하는 직원들이 많다. 남은 신입사원들도 직무에 대한 만족도가 높지 않아, 기업에서 기대했던 것만큼 성과를 발휘하지 못하는 경우가 적지 않다. 그래서 고민 끝에 탄생한 채용방식이 바로 '직무 중심 채용'이다.

기업에서는 후보자가 해당 직무에 지원하기 전에 이미 직무에 대해 어느 정도의 지식을 습득하기를 기대한다. 사전에 직무에 대해 선행학습을 했다는 것은 그만큼 해당 직무에 대해 적성과 흥미가 있고, 목표가 명확하다고 판단하기 때문이다. 이런 직원을 채용하면 흥미와 적성이 맞지 않는 직원보다 퇴사율도 낮을 것이고, 입사 후에 적응도 빠를 것이며, 직무교육도 빠르게 습득할 것이라고 기대하는 것이다.

직무 전문성 VS 직무 경험

면접 과정에서 만나는 경력직 후보자들 대부분은 해당 직무에 대한 경력을 가지고 있다. 하지만 해당 직무에 대한 전문성을 갖춘 사람은 좀처럼 만나기가 쉽지 않다. 다들 자신이 전문가라고 이야기하지만, 면접관의 눈에는 단지 직무 경험이 있는 경력자에 불과한 경우가 많다.

그렇다고 경력자를 무시하는 것은 결코 아니다. 직무 경험을 통해 해당 직무에 대해 일정 수준의 직무 역량을 갖추고 있고, 해당 직무에 대한 이해도도 있기 때문에 신입 지원자와 비교하면 당연히 우수한 역량을 갖추었다고 볼 수 있다.

그러나 경력사원을 채용하려는 자리를 두고 신입사원과 경력사원 중에서 누구를 채용할지 고민하거나, 반대로 신입사원을 채용하려는 자리에 신입사원과 경력사원을 두고 채용을 고민하는 경우는 매우 드물다. 따라서 경력직이라면 경력자 간의 경쟁에서 우위를 점할 수 있느냐 없느냐에 따라 합격 여부가 결정된다. 통상적으로 한 포지션에 1명을 채용할 때는 최소한 3명 이상의 후보자 면접을 진행한다. 물론 그 전 단계인 서류전형 단계에서는 경쟁률이 수십 대 일인 경우도 많다.

그렇기 때문에 면접관이나 채용 담당자의 눈에 이력서가 매력적으로 보이지 않는다면 입사는 물 건너간 일이 되고 만다. 따라서 단순히 어떤 직무에 대한 경력만이 아니라 해당 직무 분야에서 전문가로 보일 수 있도록 전문성을 갖추는 것이 중요하다.

해당 직무에 최적화된 전문가가 되라

그럼 직무 전문가가 되기 위해서는 어떤 노력이 필요할까? 첫 번째는 직무의 확장이다. 다양한 직무 경험보다는 하나의 직무에서 연관된 직무로 확장하면서 전문성과 경쟁력을 강화해야 한다. 예를 들어 일반 클라이언트 프로그래머라면 AI 프로그램에 대한 직무로 영역을 확장하거나, 물리 서버 프로그래머라면 가상 서버 프로그래머로 업무 영역을 확장시켜가는 것이 좋다.

두 번째는 한 우물 전략이다. 하나의 산업군을 정하고, 그 산업군에서 직무 경력을 이어간다면 그렇지 못한 사람보다 차별화된 경쟁력을 갖출 수 있다. 예를 들면 유통산업, 금융업, IT 산업을 오가며 구매 업무를 하는 것보다는 유통산업 한 분야에서 구매 업무를 하는 것이 향후 동종업으로 이직할 때 훨씬 경쟁력 있는 조건이 될 수 있다.

세 번째는 실무에서 인정받을 수 있고, 실제 활용이 가능한 자격증을 취득하는 것이다. 자격증에도 여러 종류가 있지만 솔직히 말해 기업에서는 스펙용 민간 자격증에는 큰 의미를 부여하지 않는다. 예를 들어 인사 관련 교육업체 등에서 발행하는 인사 관련 자격증의 경우 학습 차원에서는 도움이 될지 몰라도 자격증으로써의 효력은 기대만큼 크지 않다. 취득이 쉽지는 않지만 노무사 자격증을 취득하는 것이 커리어 관리에는 훨씬 큰 도움이 된다.

네 번째는 산업과 직무에 대한 트렌드를 놓치지 않고 지속적인 관심을 가져야 한다는 것이다. 세상은 정말 놀라울 정도로 빠르게 변하고 있고, 관련 법규나 제도 또한 시시각각 변화하고 있다. 1~2년만 시간이 지나도 과거의 것이 되는데, "5년 전, 10년 전에는 말이지" 하며 시대의 흐름을 읽지 못한다면 도태될 수밖에 없다.

따라서 관련 분야의 서적을 탐독하고 각종 세미나에 참석하는 등 직무에 대한 지속적인 자기계발을 통해 산업과 해당 직무의 정보를 계속 업데이트해야 한다.

마지막 다섯 번째는 업계의 인맥을 공고히 하는 것이다. 직급과 직책이 올라갈수록 업계의 인맥은 자신의 무기가 되어준다. 사람에게는 누구나 하루 24시간이 주어진다. 이 시간에 만날 수 있는 인맥의 범위도 한계가 있을 수밖에 없다. 그렇기 때문에 직업의 관점에서는 지금부터라도 인맥지도를 펼쳐놓고 불필요한 인맥은 가지치기를 하고 인생에 도움이 되는 사람들로 그 빈자리를 채우는 것이 인맥 관리에 도움이 된다.

당신이 갖고 싶은 직업은 어쩌면 수많은 다른 사람들도 갖고 싶어 하는 직업일 것이다. 세상은 스스로 노력하는 자에게 답을 준다. 경쟁자를 뿌리치고 당신이 원하는 것을 얻기 위해서는 계속해서 스스로를 발전시켜나가야만 한다.

6장

면접관 마음을 사로잡는 자기관리 스킬

습관 관리로 역량을 업그레이드하라

우리 모두에게는 좋은 습관이 하나 있다. 그것은 바로 새해 목표 세우기이다. 우리는 매년 새해의 목표를 계획한다. 취업, 금연, 운동, 영어공부, 다이어트와 같은 한 개 이상의 목표를 설정하고, 그 목표를 반드시 이루겠노라 다짐한다. 하지만 수십 년째 그 목표를 달성하지 못한 채 다시 연말이 되면 습관처럼 새로운 목표를 세운다. 만약 매년 세워왔던 목표를 다 이루었다면 우리는 삶에서 이미 무엇이 되어도 크게 되어 있을지도 모른다.

그렇다면 왜 이렇게 목표는 이루기가 어려운 것일까? 그 이유와 해결방법은 과연 무엇일까?

습관도 관리할 수 있다

우리는 왜 매번 같은 실패를 반복할까?

그 이유는 습관을 관리하는 방법이 잘못되었기 때문이다. 담배를 끊겠다는 목표를 세우고, 단순히 '1월 1일부터는 절대 담배를 피우지 말아야지' 하고 다짐하는 것 말고는 대부분 구체적인 실행 계획을 세우지 않기 때문이다.

습관을 관리하려면 2가지 방법이 있다. 첫 번째는 나쁜 습관을 고치는 것, 두 번째는 좋은 습관을 만드는 것이다. 찰스 두히그(Charles Duhigg)는 《습관의 힘》에서 어떻게 하면 나쁜 습관을 고치고 좋은 습관을 형성할 수 있는지 자세히 설명한다. 저자는 습관이 만들어지는 과정을 '신호 → 반복행동 → 보상'의 순환이라고 보고, 반복행동을 하도록 하는 것은 보상에 대한 열망(욕망)이라고 보았다. 따라서 신호 → 반복행동 → 보상의 메커니즘을 이해하고 마지막 단계인 보상에 대한 열망(욕망)을 느끼게 된다면 습관도 관리할 수 있다고 주장했다.

피겨스케이트 선수 김연아는 한 인터뷰에서, 트리플악셀을 연습하는 과정에서 한 번의 성공을 위해서는 수십 번의 엉덩방아를 찧어야 했지만, 트리플악셀이 성공할 때의 희열은 수십 번의 엉덩방아와 바꾸기에 충분하다고 이야기한다.

김연아 선수의 연습을 이 공식에 대입해보면 신호는 주변의 기대이거나 자신의 꿈이 된다. 반복행동은 트리플악셀 연습이며 보상은 성공에서 오는 쾌감이다. 가장 중요한 것은 그 쾌감을 지속적으로 느끼고 싶은 열망(욕망)이 있어야 하는 것인데, 김연아 선수는 바로 그 열망(욕망)이 강했던 것이다.

이처럼 습관은 관리가 될 수 있다. 위에 말한 습관 공식을 통해 나쁜 습관과 좋은 습관 관리에 대해서 살펴보자.

나쁜 습관 고치기

나쁜 습관을 고치기 위해서는 먼저 '신호'와 '보상'에 대해 명확하게 알아야 한다. 그다음에는 신호와 보상은 그대로 둔 채 '반복행동'을 바꾸어야 한다. 예를 들어 한 여성이 매일 오후 3시에 카페에서 쿠키를 먹는다고 가정해보자. 여기에서 신호는 단순한 배고픔일 수도 있지만 외로움이거나 지루함일 수도 있다. 그리고 이때의 보상은 배고픔을 해결해줄 포만감일 수도 있겠지만 친구와의 대화일 수도 있고, 마음의 여유일 수도 있다.

| 나쁜 습관 고치기 1 |

습관을 관리하려면 이때 신호와 보상은 그대로 두고 반복행동을 바꾸면 된다. 카페에서 쿠키를 먹는 행동 대신 벤치에서 휴식을 취하고, 공원을 산책하는 대체 행동으로 전환하는 것이다. 이렇게 한

다면 그녀는 같은 신호와 같은 보상에 행동만 대체하는 것으로 휴식과 산책을 통한 몸과 마음의 건강을 모두 얻을 수 있다. 이렇게 바꾼 반복 행동을 '대체 습관'이라고 한다.

| 나쁜 습관 고치기 2 |

좋은 습관 만들기

좋은 습관을 만들기 위해서는 명확한 '신호'와 '보상'을 먼저 설계해야 한다. 만약 당신이 매일 아침 일어나 운동을 하는 습관을 만들고 싶다면, 먼저 눈을 뜨자마자 보이는 곳에 운동화와 운동복을 두도록 하자. 그러면 당신은 매일 아침 운동화와 운동복을 보면서 운동을 해야겠다는 신호를 받게 된다. 또는 주변 사람들에게 매일 아침 운동을 하겠다고 선언하는 것도 방법이다. 당신이 내뱉은 말에 대한 책임으로 부담감과 책임감이라는 신호를 받게 될 것이다.

다음으로 매일 아침 운동에 대한 보상으로써 아침운동을 해냈다는 성취감이나, 혹은 운동 후에 마시는 시원한 탄산수를 설정할 수 있다. 행동에 대한 보상을 설정함으로써 동기를 부여하는 것이다. 이렇게 자신에게 맞는 신호와 보상을 먼저 설정하는 것이 좋은 습관 만들기의 첫 번째 단계이다.

두 번째 단계는 보상에 대한 욕구(욕망)를 활용하는 것이다. 김연아 선수가 트리플악셀을 성공했을 때의 쾌감을 잊지 못하고 실패가 거듭되더라도 그 성공 쾌감을 다시 느끼기 위해서 반복훈련을 하는 것처럼, 아침운동도 운동을 하면 시원한 탄산수를 마실 수 있다는 강한 욕구를 가져야만 무거운 몸을 일으켜 운동복을 입을 수 있게 되고, 이러한 행동이 반복되면 굳이 탄산수를 마시지 않아도 탄산수를 마셨을 때와 같은 욕구(욕망)이 발생하여 계속 행동을 할 수 있게 된다.

21일 습관 형성하기

비행기를 타본 사람이라면 비행기가 이륙할 때 엔진의 큰 굉음과 함께 동체가 크게 흔들리는 경험을 했을 것이다. 이때 비행기는 연료의 거의 절반 정도를 소모하게 된다. 그러나 힘들게 이륙한 비행기가 정상고도에 올라서게 되면, 그 후에는 일정한 고도와 속도로 순항한다.

습관도 비행기의 이륙과 같다. 처음 습관을 형성하는 과정은 비행기의 이륙처럼 힘들고 어렵다. 하지만 습관이 자리를 잡으면 비행기가 순항하는 것처럼 쉽게 해낼 수 있다.

미국의 의학박사 맥스웰 몰츠(Maxwell Maltz)는 저서《맥스웰 몰츠 성공의 법칙》에서 무엇이든 21일간 반복하면 습관으로 만들 수 있다고 했다. 이때 21일이라는 기간은 비행기가 이륙하여 정상고도에 진입하기까지의 시간과도 같다고 볼 수 있다.

그렇다면 어떻게 21일 동안 포기하지 않고 습관을 형성할 수 있을까? 안정적으로 습관을 형성하려면 '21일 습관 형성 프로젝트'를 해보는 것을 추천한다. 프로젝트의 단계는 아래와 같다.

첫 번째 단계: 선언하기

내 주변 지인들에게 앞으로 어떤 습관을 형성할 것인지 선언한다. 예를 들어 "내일 아침부터 매일 운동을 30분씩 할 예정이니 많이 응원해주세요"라고 말이다.

두 번째 단계: 기록하기

기록지를 만들어 눈에 잘 보이는 방문이나 냉장고 문에 부착하고 매일 달성 여부를 체크한다. 이때 습관으로 만들 목표는 매일매일 달성 여부를 확인할 수 있는 것으로 정해야 한다. 예를 들어 일주일에 한 번 영화 보기, 매주 교회 가기와 같이 매일 실행할 수 없는 목표는 대상이 될 수 없다. 매일 아침 운동 30분 하기, 매일 영어단어 30개 암기하기, 매일 책 10페이지 이상 읽기처럼 구체적으로 수치화하여 목표 습관을 정해야 한다.

세 번째 단계: 보상하기

21일 습관 형성 프로젝트가 성공했을 때 나에게 줄 보상을 준비한다. 크고 거창한 것이 아니라 21일 동안 노력한 나 자신을 위해

영화 한 편 보기, 나에게 책 한 권 선물하기, 1박 2일 여행 가기처럼 소소한 보상이면 충분하다. 만일 달성하지 못했을 경우를 대비해 가벼운 벌칙을 두어도 자극이 될 수 있다.

우선순위로 시간을 관리하라

회사에서 일을 하다 보면 뭔가 열심히 한 것 같기는 한데 결과물이 없을 경우가 있다. "바쁘기만 하고 하루종일 뭘 했는지 모르겠다"라는 말이 저절로 흘러나온다. 이것은 시간을 효과적으로 사용하지 못했기 때문이다.

회사원에게는 누구나 똑같이 하루 8시간이 주어진다. 어떤 사람은 이 시간을 효과적으로 사용하는 반면, 누군가는 그렇지 못하다. 그리고 높은 성과를 올리는 사람들은 대부분 누구보다 하루 8시간을 효과적으로 사용한다.

아이젠하워의 시간 관리

2차 세계대전 시 연합군의 최고사령관이자 미국의 34대 대통령이었던 드와이트 D. 아이젠하워(Dwight David Eisenhower)의 경력을 보면 얼마나 화려하고 바쁜 시간을 보냈을지 짐작이 간다. 그런데 그가 제2차 세계대전을 겪고 미국이라는 국가를 통치하는 중에도 가정에 충실했다고 하면 믿겠는가? 그것이 가능했던 이유는 그에게 시간을 관리하는 나름의 원칙이 있었기 때문이다.

그는 자신의 일을 A. 중요하고 급한 일, B. 중요하지만 급하지 않은 일, C. 중요하지 않지만 급한 일, D. 중요하지 않고, 급하지도 않은 일의 4가지로 구분해 관리했고, 이를 통해 시간을 효율적으로 활용했다. 아이젠하워는 "중요한 일이 급한 경우는 거의 없다. 급한 일이 중요한 경우도 드물다"라는 명언을 남겼다. 이 말에는 시간에 대한 그의 철학이 담겨 있다. 그것은 바로 우선순위에 따라 일을 처리하라는 것이다.

우리에게 주어진 시간과 에너지는 한정되어 있기 때문에 사소한 일에 시간을 허비하면 결국 중요한 일에 투자할 시간이 그만큼 줄어들게 된다. 회사에서도 근무시간 중에 불필요한 인터넷 검색이나 친구들과의 메신저 채팅, 불필요한 미팅 등을 하다 보면 정작 중요한 일을 놓치게 되는 경우가 자주 발생한다.

그러다 보면 야근을 해야 하는 상황이 발생하고, 이러한 상황들은 고스란히 업무의 피로도를 증가시켜 결국 업무성과를 저해하는 주요 원인이 된다. 그렇기 때문에 회사 내에서의 시간 관리는 조직의 성과를 창출하는 데 매우 중요한 역할을 한다.

스티븐 코비의 시간 관리 매트릭스

스티븐 코비의 《성공하는 사람들의 7가지 습관》에서도 아이젠하워의 시간 관리에 대한 내용을 다루고 있다. 중요도와 긴급도에 따라 우선순위를 4가지의 사분면으로 구분하고 각 분면의 우선순위에 대해서 자세히 설명하고 있다. 독자들의 이해를 돕기 위해서 각 사분면의 활동들을 이해가 쉬운 활동으로 바꾸어보았다.

| 시간 관리 매트릭스 |

	긴급함	긴급하지 않음
중요함	• 주요 담당업무 • 취업(시험) 준비 • 고객 클레임 처리 Ⅰ	• 독서·운동 • 인맥 관리 • 중장기 계획(전략 수립) • 신메뉴 개발 • 가족과의 대화 Ⅱ
중요하지 않음	• 유관 부서 업무지원 • 정기 보고서 작성 • 정기 회의 • 동창회 모임 • 계절 옷 쇼핑 Ⅲ	• TV 예능 프로그램 시청 • 목적 없는 인터넷 검색 • 무의미한 핸드폰 사용 • 과도한 휴식시간 Ⅳ

1사분면: 긴급함+중요함

1사분면의 활동은 대부분 즉각적인 처리가 필요한 중요한 활동들이며 우선적으로 처리해야 하는 활동이다. 1사분면의 활동이 많은 이들은 4사분면으로 도피하고 싶은 유혹에 빠지기 쉽다. 그러나 4사분면의 비중이 높아지면 1사분면의 활동들에 방해가 되어 심각한 문제를 불러오게 된다. 따라서 1사분면의 일을 처리할 때는 3사분면과 4사분면의 활동은 최대한 뒤로 미루는 것이 중요하다.

2사분면: 긴급하지 않음+중요함

현대경영학을 창시한 미국의 경영학자 피터 드러커(Peter Drucker)는 저서 《자기경영노트》에서 2사분면에 해당하는 활동의 중요성을 강조했다. 그는 성공한 사람은 당면 문제 위주가 아니라 미래의 기회 위주로 생각을 한다고 했다.

2사분면의 활동들은 자기 발전을 위해서는 매우 중요하지만, 긴급성이 떨어지기 때문에 등한시하게 되는 경우가 많다. 만약 1사분면의 활동으로 2사분면에 투자할 시간이 부족하다면, 1사분면의 활동은 그대로 둔 채 3사분면과 4사분면의 활동을 축소하거나 버려야 한다.

3사분면: 긴급함+중요하지 않음

우리는 출근해서 쌓여 있는 유관부서의 업무 협조 메일을 보면 오늘 중으로 끝내야만 하는 중요한 업무가 있는데도 별 고민 없이 유관부서의 업무를 먼저 처리한다거나, 새로 등록한 학원의 수업 첫날인데도 친구와의 저녁 약속을 위해 수업을 포기하기도 한다. 이처럼 우리는 3사분면에 해당하는 활동을 1, 2사분면보다 중요하게 생각하는 경향이 있다. 하지만 이는 좋은 올바른 시간 관리 방법이 아니다. 1, 2사분면의 시간을 최대한 확보하기 위해서는 우선 3사분면의 활동을 최대한 효율화하여 비중을 줄이는 것이 좋다.

자신이 오늘 해야 할 업무가 무엇인지를 상대방에게 알리고 업무 처리 후에 도움을 주겠다고 양해를 구하거나, 유사한 업무 요청이 많다면 특정한 날을 정해서 일괄적으로 처리할 수도 있다.

또 친구와의 저녁 약속은 양해를 구하고 다른 날로 변경할 수도 있다. 이처럼 3사분면의 활동은 나의 노력으로 얼마든지 축소시키거나 변경할 수 있다.

4사분면: 긴급하지 않음+중요하지 않음

인생을 살면서 4사분면의 활동을 전혀 하지 않을 수는 없다. 하지만 보다 나은 내일을 위해서 4사분면의 활동을 최대한 줄이거나 없애는 노력을 해보도록 하자.

4사분면 중 가장 중요한 것은 2사분면이라고 앞서 말했다. 2사분면의 활동이 많아지게 되면 자연스럽게 1사분면의 활동 시간이 줄어들고, 업무에서 오는 스트레스도 감소하게 된다. 업무에서 오는 스트레스가 줄어들면 스트레스 해소를 위해 시간을 허비했던 4사분면의 시간이 줄어들고, 업무 효율이 높아져 3사분면의 시간도 줄어든다.

즉 3, 4분면의 시간이 줄어들면, 다시 2사분면에 집중할 시간이 늘어나는 선순환 구조가 만들어진다. 이를 위해서는 가장 먼저 자신의 하루 일과를 차지하는 활동들을 4사분면으로 분류하고 그중 3, 4분면의 활동들에 대해서는 최소화하는 노력이 필요하다.

이처럼 체계적인 시간 관리로 업무효율을 높이고 성과를 키울 수 있다. 또 면접을 볼 때 과거에 수행했던 프로젝트나 자기계발과정, 위기 상황 속에서 우선순위에 따라 체계적으로 시간 관리를 해온 사례를 언급한다면, 면접관은 당신에게 더 큰 호감을 갖게 될 것이다. 물론 면접관들은 단 하나의 사례나 단서만으로 지원자를 평가하지는 않으므로 한두 마디의 사례로 면접관을 속일 수는 없다는 점을 명심하기 바란다.

긍정적으로 자기 감정을 관리하라

긍정, 효과 빠른 행복 약

당신이 행복한 감정을 느낄 때는 언제인가? 사랑하는 사람과 함께 뮤지컬 공연을 관람하고 고급 식당에서 맛있는 저녁식사를 한다면 그날은 최고의 하루일 것이다. 또 지원한 회사로부터 합격통보를 받거나 고심 끝에 시작한 음식점이 SNS에 맛집으로 소문이 난다면 행복한 감정을 주체하지 못할 것이다. 하지만 이러한 행복이 지속되기 위해서는 끊임없이 무엇인가를 해야만 하고, 그러기 위해서는 일정한 시간과 비용을 지불해야 한다. 그러면 시간과 비용을 들이지 않고 행복할 수 있는 방법은 없을까?

TV에서 약품 광고를 보면 '효과 빠른 진통제'라는 문구가 자주 등장한다. 두통이 찾아온 여성 모델이 알약 한 알을 복용하면 감쪽같이 찡그렸던 표정이 밝아지고, 주변이 화사해지는 그런 광고 말이다.

우리에게도 부정적 감정이라는 통증이 자주 찾아온다. 이런 감정의 통증이 느껴질 때 복용하면 행복해지는 효과 빠른 약이 있다. 바로 '긍정'이다. 긍정이라는 약은 돈과 시간이 들지 않을 뿐만 아니라, 필요할 때면 언제나 바로바로 복용이 가능하다.

아들의 기말고사 시험이 얼마 남지 않은 어느 휴일에 있었던 일이다. 하루종일 소파에 누워 게임만 하는 아들의 모습을 보고 나는 잠시 부정적 감정이라는 통증을 느꼈다. 그런 아들의 모습이 한심해 보였고, 순간 화가 치밀어 올랐다. 그리고 그 순간, 나는 습관적으로 긍정이라는 행복약을 재빠르게 복용했다.

지금은 건강한 고등학생이 되었지만, 내 아들은 초등학교 3학년 때 큰 교통사고를 당해 쇄골이 부러지고, 외상성 뇌출혈과 간 파열 진단을 받아 병원에서 오랫동안 치료를 받아야 했다. 사고 당일 저녁에는 매우 위중하다는 의사의 말에 나는 하느님께 제발 아들이 무사하기만을 기도했다.

그리고 지금 이 순간, 나의 간절한 바람대로 아들은 건강한 모습을 되찾았고, 지금은 신나게 게임을 하고 있는 것이다. 얼마다 다행스럽고 행복한 순간인가? 이런 생각을 하자 부정적 감정의 통증은 한순간에 사라지고 행복한 감정이 찾아왔다. 상황은 하나도 바뀐 것이 없지만 나의 마음은 부정적 감정에서 행복한 감정으로 순식간에 바뀐 것이다.

부정적 감정이 더 커졌다면 그때 나는 아들에게 화를 표출했을 것이고, 아들은 그런 나에게 저항하거나 그 상황을 회피했을 것이다. 하지만 긍정 마인드의 힘 때문이었을까? 아들은 30분 후쯤 알아서 게임을 멈추고 자기 방으로 들어가 책을 펼쳤다.

누구나 항상 행복할 수는 없다. 또 항상 열정이 넘칠 수도 없다. 때론 우울하고, 또 때론 화도 난다. 이럴 땐 부정적인 감정을 그냥 놔두지 말고 즉시 '효과 빠른 행복 약'을 복용하기 바란다. 모든 병이 그러하듯 너무 오래 부정적 감정을 방치하면 그만큼 회복기간도 늦어질 뿐만 아니라 회복이 불가능해질 수도 있다.

긍정적 착각의 힘

의사가 환자에게 가짜 약을 투약하면서 진짜 약이라고 하면, 약을 복용하니 좋아질 것이라는 환자의 믿음 때문에 실제로 병이 호전되는 효과를 '플라시보 효과'라고 한다. 놀랍게도 긍정적인 착각이 정말로 효과를 발휘하는 것이다.

이와 관련해서 얼마 전 EBS에서 방영된 〈인간의 두 얼굴〉이라는 다큐멘터리 프로그램에서는 재미있는 실험을 했다. 심리테스트를 통해 긍정적 착각도가 높은 학생 그룹과 그렇지 않은 학생 그룹을 둘로 나누어 종이상자를 높게 쌓는 팀이 이기는 실험이었다. 그리고 예상한 대로 긍정적 착각도가 높은 그룹이 더 높은 종이상자 탑을 쌓았다. 이길 수 있을 것이라는 긍정적인 믿음이 학생들을 하나로 단결시켰던 것이다.

채용면접 과정에서도 이런 상반된 모습을 자주 보게 된다. 어떤 지원자는 긍정적 에너지가 넘치고 어떤 지원자는 잘못을 저지른 것도 아닌데 왠지 기가 죽어 있다. 물론 긴장한 탓도 있겠지만, 그 지원자의 답변도 면접관의 마음을 사로잡지 못한다.

면접관: 마지막으로 질문드리겠습니다. 오늘 면접 잘 보신 것 같으세요?

지원자 A: 아니요. 제가 오늘 너무 긴장해서 잘 못 본 것 같습니다. 이번에 불합격이 되더라도, 더 준비해서 다시 도전해보고 싶습니다.

혹시 당신도 이런 질문에 위와 같은 답을 한 적은 없는지 생각해보자. 겸손을 넘어 자신에 대한 부정적인 답변은 절대로 좋은 답변이 아니다. 이렇게 대답하면 어떨까?

지원자 B: 네, 많이 긴장했는데 면접관님들께서 자리를 편안하게 해주셔서 잘 본 것 같습니다. 시간이 부족하여 저에 대해 다 말씀드리지는 못했지만, 합격된다면 면접관님들께 더 많은 이야기를 드릴 수 있을 것 같습니다.

면접관에 대한 감사와 겸손, 그리고 입사에 대한 강한 의지가 느껴지는 답변이다. 만약 같은 조건하에 두 사람 중 한 명을 뽑아야 한다면 당신은 누구를 채용하겠는가? 면접관은 지원자 B를 선택할 가능성이 높을 것이다. 어떤 문제 상황이 발생했을 때 지원자 A는 해결할 수 없는 문제로 받아들이는 반면, 지원자 B는 해결할 수 있는 문제로 받아들이고 개선하려는 행동을 할 가능성이 높기 때문이다.

긍정 마인드는 다행스럽게도 타고나야만 가질 수 있는 재능이 아니다. 노력을 통해서 얼마든지 긍정 마인드를 끌어올릴 수 있다. 불이 켜지지 않은 어두운 방에 들어왔다고 해보자. 당신은 지금 2가지 선택을 할 수 있다. 그냥 어두운 방에서 불편하게 있거나, 전등 스위치를 켜고 밝은 방에서 편하게 있거나 말이다. 긍정 마인드는 이처럼 전등 스위치를 켜는 것과 같다. 단지 스위치를 올릴지 말지만 선택하면 된다. 이제 당신의 선택만 남았다. 당신은 어떤 선택을 할 것인가?

스펙보다 강력한 인맥을 관리하라

인간은 사회적 동물이라는 말이 있다. 아무리 개인주의적인 성향의 사람도 타인과의 관계 없이는 생존할 수 없다. 따라서 작은 사회라고도 할 수 있는 직장에서 사람들과의 관계를 유지하고 더욱 돈독히 하는 인맥 관리는 직업 세계에서의 성공 여부를 결정짓는 매우 중요한 요소라 할 수 있다.

이번에는 직장 내에서 어떻게 인맥을 형성하고 관리해야 하는지 이야기를 나눠보자.

인맥 관리는 능력에 날개를 달아준다

당신이 일하는 일터는 하나의 작은 사회이다. 부서마다 각각 맡은 일을 처리하고, 부서 내부에서도 직원 각자의 역할이 구분되며, 업무상의 상하관계도 존재한다. 또 매년 인사고과를 통해서 평가 등급이 정해지고, 그 결과에 따라서 승진과 연봉, 인센티브의 액수가 정해지기도 한다.

이처럼 직장 내에서는 공동의 목표를 위해 서로 협업하기도 하고, 때로는 경쟁하기도 하면서 자신의 가치를 높여야 한다. 그렇지 않으면 연봉이 오르지 않고, 승진에서도 누락될 수 있으며, 기업의 상황이 어려워 구조조정을 하는 상황이 되면 구조조정 1순위가 되고 만다.

한 예로, 이전에 근무했던 직장의 해외사업부서에 재직하던 A 사원은 외국의 유명한 대학을 졸업하고 영어도 네이티브 수준으로 잘했으며, 해당 사업 분야에 대한 직무지식도 뛰어났다. 하지만 A 사원은 입사 후 2년이 채 되지 않아 회사가 자신의 능력을 제대로 인정하지 않는다며 퇴직 면담을 요청했다. 반면 같은 부서의 B 사원은 소위 말하는 명문대 출신도 아니고 영어도 능숙하게 잘하지 못했지만, 회사에서 매년 높은 고과점수를 받았다. 그 결과 B 사원은 남들보다 1년 먼저 과장으로 진급했고, 부서의 파트장 직도 맡게 되었다. 과연 두 직원의 차이점은 무엇일까?

A 사원의 퇴직면담이 있고 나서 얼마 뒤, 해당 부서장과의 식사 자리에서 그 답을 찾을 수 있었다. A는 정말 일을 잘하는 뛰어난 팀

원이지만 유관부서와 협업을 잘 이루어내지 못해, 부서 전체의 업무에 큰 차질을 빚는다는 것이었다.

반면 B 사원의 경우 부서 내 커뮤니케이션 능력이 좋아 각 파트별 업무를 조율하는 역할을 잘한다고 했다. 해당 부서는 특히 개발부서의 협조가 매우 중요한데, B 사원은 개발부서 직원들과도 관계가 좋아 협조를 잘 이끌어낸다는 말도 함께 덧붙였다. 엘리베이터나 복도에서 B 사원을 마주치면 항상 먼저 인사를 건네던 모습이 떠올랐다.

최근 우리 사회도 서구사회처럼 개인주의적 문화가 보편화되면서, 개인의 삶을 존중하고 이해하는 사회가 되고 있다. 나 홀로 가구가 증가하고, 대면보다는 비대면을 선호하는 현상도 이와 맥을 같이 한다고 볼 수 있다.

하지만 아무리 사회가 변화해도 직장 내에서의 대인관계는 다른 관점에서 바라보아야 한다. 젊은 청년들의 경우 직장생활과 개인의 사생활의 경계를 잘 관리하지 못하는 경향이 있다. 일과 사생활을 분리한다는 것은 개인의 삶이 회사 업무로 인해 간섭받거나 방해받지 않아야 한다는 의미이지, 회사 내의 업무에 차질을 빚을 만큼 개인의 사생활과 개인주의적 사고를 보장받아야 하는 것은 아니다. 직장은 사생활의 영역이 아니며, 구성원들과의 협업을 통해 공동의 목표를 달성하는 것이 우선시되어야 하기 때문이다. "저는 만나서 이야기하는 것을 좋아하지 않아서, 업무 미팅은 되도록 메신저로 해주시거나, 메일로 내용을 정리해서 보내주시면 제가 검토하고 회신

드릴께요"라는 식으로 일해서는 업무 효율도 떨어질 뿐 아니라 협업도 원활하게 이끌어낼 수 없게 된다.

효과적인 직장 내 인맥 관리 노하우 5가지

그러면 직장 내에서의 인맥 관리는 어떻게 하는 것이 바람직할까? 아래의 5가지 노하우를 통해 당신도 직장 내 인맥왕에 도전해보면 어떨까.

먼저 인사하기

인맥 관리의 기본이면서도 가장 중요한 것은 바로 인사하기이다. 인사를 먼저 한다는 것은 결코 자신을 낮추는 행동이 아니다. 지위고하를 막론하고, 직장 내에서 안면이 있는 사람에게는 먼저 인사를 건네도록 하자.

인사를 할 때도 이왕이면 센스 있게 하는 것이 중요하다. 엘리베이터처럼 여러 사람이 함께 있는 공간에서는 사적인 대화나 너무 긴 인사는 자제해야 한다. 가벼운 눈인사 정도로 인사를 나누는 것이 바람직하다.

팀 미팅 등 회의 자리에서 만난 동료에게는 "요즘 '어떤' 일로 많이 바쁘시죠. 고생이 많으세요"라고 그 '어떤' 일을 구체적으로 언급하면서 인사를 나누는 것이 좋다. "요즘 연초라서 많이 바쁘시죠?" 보다는 "요즘 연말정산 업무 때문에 많이 바쁘시죠?"라고 인사하면 형식적인 인사가 아니라 당신의 진심이 담긴 인사라는 것을 상대방이 느낄 수 있기 때문이다.

연락처 저장하기

과거에는 휴대폰에 저장되어 있는 사람들의 전화번호 숫자로 그 사람의 인맥을 판단하던 시절도 있었다. "지금 당신의 휴대폰에는 몇 명의 전화번호가 저장되어 있나요?"라는, 다소 개인적인 프라이버시를 침해할 소지가 다분한 면접 질문이 유행한 적도 있었다. 하지만 요즘에는 전화나 문자보다는 SNS를 통해 소통하는 경우가 많으므로 전화번호만으로 그 사람의 인맥을 판단할 수는 없다. 하지만 회사에서는 상황이 조금 다르다. 업무 협업 과정에서 전화통화가 필요한 상황들이 자주 발생하기 때문이다. 팀장으로부터 온 전화에, "실례지만 누구세요?"라고 말하는 실수를 해서는 안 되지 않겠는가.

여러 사람 만나기

직장 내에는 나의 일과 전혀 무관한 일을 하는 부서도 있다. 하지만 한 다리만 건너면 대부분은 관계가 있는 사이이기 때문에, 직장 내의 사람들과 좋은 관계를 유지하는 것은 자신의 평판 관리를 위해서도 매우 중요하다.

그런데 실제로는 직장 내에서도 같이 일하는 동료가 아니면 다른 부서의 사람들을 만나기는 쉽지 않다. 이럴 때 좋은 방법이 회사의 동아리나 친목 동호회에 가입하는 것이다. 다양한 부서, 다양한 직위의 사람들을 만날 수 있는 방법일 뿐만 아니라, 회사의 여러 가지 정보를 수집할 수 있는 좋은 기회가 되기도 한다.

일대일 만남을 자주 만들기

사람들은 누군가에게 특별한 사람이기를 원한다. 상대방과 당신과의 관계가 단지 업무적인 필요뿐이거나, 서로를 여러 사람 중에 한 사람 정도로 인식하게 되면 그만큼 관계에는 보이지 않는 거리가 생길 수밖에 없다. 따라서 SNS를 활용한 개인 채팅이나 점심식사, 커피 타임 등 일대일로 마주하는 시간을 자주 만들면 상대방도 나를 그저 회사 동료 이상으로 받아들이게 된다. 진정한 인맥은 내가 회사를 떠났을 때에도 편하게 연락할 수 있는 관계이다.

유의해야 할 점은 상대방의 감정을 고려하면서 접근해야 한다는 것이다. 상대방은 전혀 원하지 않는데 "이 사람이 나한테 왜 이러지?"라는 생각이 들 정도로 다가가면 역효과가 날 수도 있다. 한 단계, 한 단계 상대방이 부담스럽지 않게 다가서는 센스가 필요하다.

칭찬하고 경청하기

이제는 너무도 흔한 말이 되어버렸지만 《칭찬은 고래도 춤을 추게 한다》라는 책의 제목처럼, 칭찬을 듣게 되면 누구나 기분이 좋아지고 상대방에 대한 경계심이 풀리면서 자연스럽게 상호 간에 라포가 형성된다. 일단 상대방과 라포가 형성되고 나면 그다음은 상대방의 이야기를 경청하는 자세가 중요하다.

경청의 핵심은 공감이라는 말이 있다. 업무에 대한 애로사항이나 상사와의 갈등에 대한 이야기를 듣는다면 상대방에게 공감을 표현하면서 함께 고민해주는 자세가 필요하다.

인맥 관리는 그 실체가 눈에 보이지는 않지만, 회사생활에서는 학력, 어학능력, 전문자격증보다 더 강력한 힘을 발휘한다. 어떤 문제에 부딪치거나 어려운 상황에 맞닥뜨렸을 때는 그동안 쌓아온 인맥이 당신의 든든한 지원군이 되어줄 것이다.

성공하고 싶다면 경력부터 관리하라

이력서에서 면접관들이 가장 중요하게 보는 요소는 바로 경력란에 기재된 이력사항이다. 그것을 통해 지원자가 직업인으로써 어떠한 삶을 살아왔는지 짐작할 수 있기 때문이다. 그렇기 때문에 경력직의 경우에는 특히 경력란을 잘 작성해야 한다. 물론 잘 쓰고 싶다고 해서 이력서를 허위로 작성할 수는 없다. 따라서 사회초년생 때부터 자신의 경력을 잘 관리하는 것이 직장인으로써 성공하는 데 무엇보다 중요하다는 것을 잊지 말아야 한다.

경력 사항이 왜 중요한가?

신입 지원자의 경우에는 당연히 경력 사항이 빈약할 수밖에 없다. 그러나 최근에는 직무 중심 채용이 채용 트렌드로 떠오르면서, 신입직의 경우에도 일정 수준의 직무역량을 갖추지 못하면 취업이 어려운 시대가 되고 있다.

그 예로 2019년에는 현대, 기아차그룹과 한화그룹, KT가 공채를 폐지했고, 2020년에는 LG그룹이 공채를 폐지하기로 결정했다. 대신 직무적합도가 높은 신입 인재들을 수시로 뽑겠다는 방침이다. 이처럼 신입사원의 경우 회사의 경력이 아니더라도 직무개발 관점에서의 경력 관리가 매우 중요해졌다.

경력직의 경우에는 직무 중심 채용의 비중이 더욱 높다. 따라서 지원자들이 제출한 자기소개서의 내용보다는 경력기술서를 통해 어떤 회사에서 어떤 경험을 쌓아왔는지를 중점적으로 파악한다. 이 과정에서 경력 관리가 잘 되지 않은 지원자는 경쟁에서 밀릴 수밖에 없다.

이처럼 면접관들이 경력 사항을 중요하게 다루는 이유는 무엇일까? 그 이유는 다음 3가지로 요약할 수 있다.

직무 전문성

이직 과정에서 직무의 성장이 꾸준하게 이어져왔는지를 확인할 수 있기 때문이다. 이전 회사들에서 수행했던 직무가 상호 연관성이 있는지, 지속적으로 직무 발전이 이루어져왔는지를 통해 지원자의 직무 전문성을 어느 정도 예측할 수 있다.

해당 직무와 무관한 회사로의 이직이 잦았다면, 경력에 공백 기간이 없더라도 결국 경력이 단절된 것이나 다름없다고 본다. 즉 A 유통회사에서 3년간 마케팅 업무를 하다가, 직무를 변경하여 B 제조회사에서 2년간 구매 관리 업무를 했다고하자. 그런데 다시 C 제약회사로 이직하여 2년간 마케팅 업무를 수행했다면, 총 경력은 7년이지만 당연히 7년의 경력을 인정받을 수 없고, 오히려 중간의 구매 관리 업무 경력과 잦은 이동으로 5년의 마케팅 경력도 100% 인정받지 못하는 상황이 발생한다.

업계의 인맥

이직한 회사들을 보면 그 사람이 자신의 분야에서 얼마나 다양한 인맥을 형성해왔는지 짐작할 수 있다. 만약 전혀 다른 산업군으로 이직이 잦거나 전혀 무관한 직무로의 이직이 자주 발생했다면, 해당 분야의 전문가들과 네트워킹이 끊겼거나, 산업에 대한 이해가 부족하다고 판단할 가능성이 높다.

경력이 쌓이고 직급이 올라가면 실무보다는 관리 업무나 업계의 인맥을 통해서 문제를 해결하거나 성과를 발휘하는 경우가 많기 때문에, 경력 사항의 일관된 관리와 함께 산업군 내의 인맥 관리가 중요하다.

인성과 태도

이직의 사유는 참으로 많다. 면접을 진행할 때 지원자들에게 이직 사유에 대해 질문을 던지면 10명이면 10명 모두 다른 이유를 가지고 있다. 하지만 공통점이 하나 있는데, 그것은 바로 자신이 잘못을 했거나 문제를 일으켜서 퇴사한 것이 아니라는 점을 강조한다는 것이다.

하지만 면접관이 궁금해 하는 것은 왜 퇴사를 했는지보다 퇴직 과정에서 지원자가 어떤 행동을 했는지이다. 예를 들어 회사의 경영 악화로 퇴직하게 되었다면 경영 악화에 따른 부정적인 시그널이 처음 전달되자마자 퇴직을 결심한 것인지, 또는 경영 정상화를 위해서 지원자가 자신의 위치에서 어떠한 노력을 했는지를 궁금해 한다. 또 직장상사와의 갈등 때문에 퇴직하게 되었다면, 본인은 그 과정에서 잘못이 없었는지, 갈등 상황의 해결을 위해서 어떤 노력을 했는지를 더 알고자 할 것이다.

이처럼 면접관들은 지원자의 경력 사항을 통해서 지원자가 가지고 있는 직무 역량과 함께 직무를 수행하는 과정에서의 태도를 알고 싶어 한다. 따라서 면접관이 알고 싶어 하는 것이 무엇인지 사전에 파악하고 그것을 면접관에게 알려주면 의외로 면접이 잘 풀릴 수 있다.

경력 관리 노하우 3가지

그러면 면접관의 마음을 사로잡을 수 있는 경력 관리의 노하우는 어떤 것들이 있을까? 여기에서는 3가지 노하우를 제시해보겠다.

특정 산업군을 공략하라

커리어에서 가장 중요한 것은 바로 전문성이다. 의사, 변호사, 약사와 같은 전문직이 대중에게 인기가 높은 이유는 아무나 접근하기 어려운 전문성을 갖추고 있기 때문이다. 즉 확실히 남들과 차별화된 경쟁력을 가지고 있는 것이다.

한편 전문직은 아니지만 일반적인 직업에서도 전문성을 높일 수 있는 방법이 있다. 바로 선택과 집중이다.

다양한 산업군에서 다양한 경험을 하는 것도 물론 의미가 있고 긍정적인 부분이 있겠지만, 특정 산업에서 경력을 쌓을 경우 그 산업에 대한 깊이 있는 이해와 함께 트렌드 변화에 대해서도 통찰력을 발휘할 수 있다. 즉 여러 산업을 거친 후보자가 갖지 못한 경쟁력을 가질 수 있게 된다. 하지만 한 회사의 한 직무에서만 너무 오랫동안 경력을 쌓는 것은 커리어 개발의 관점에서는 추천하지 않는다.

직무 연관성을 파악하라

산업군만큼이나 중요한 것이 바로 직무다. 하지만 하나의 직무에만 집중하는 것은 바람직하지 않다. 물론 직무 전문성 면에서는 긍정적인 요소도 있겠지만, 그보다는 연관이 있는 직무로 경력을 옮겨

가면서 커리어를 발전시켜나가는 것이 더 유리하다. 예를 들어 10년 동안 인사팀에서 평가관리 업무만을 하는 것보다는 평가관리 업무를 일정 기간 수행한 후에 인사기획 업무, 보상 업무 등 연관성 있는 업무들로 범위를 확장하는 것이 경쟁력을 강화하는 데 유리하다.

커리어 발전에 도움이 되는 인맥을 형성하라

경력 관리에서 산업군과 직무의 일관성을 유지하는 것이 무엇보다 중요한 이유는 그 분야에서 전문가가 될 수 있기 때문이다. 전문가가 되기 위해서는 해당 분야의 다양한 정보와 지식을 갖추어야 하는데, 이때 중요한 역할을 하는 것이 바로 인맥이다. 해당 산업과 직무에서의 네트워크 관리는 1차 접점에 있는 사람과의 관계를 통해 또 다른 관련 분야의 인맥으로 확장해나가야 한다. 그렇지 않으면 자신의 분야밖에 모르는 반쪽짜리 전문가가 될 수도 있기 때문이다.

예를 들어 홍보 담당자로서 자신이 속한 식품산업의 홍보 담당자들과 1차 네트워크를 구축했다면, 이후에는 그 네트워크를 활용하여 마케팅 분야로 확장하고, 또 대관 업무 내지는 언론 쪽으로 인맥의 풀을 확장시켜나가야 차별화된 자신만의 인맥 풀을 형성할 수 있다.

경력 관리는 당장에는 중요하지 않게 여겨질 수도 있다. 하지만 직업인으로서 지속적인 성장과 발전을 위해서는 경력에 대한 전략적인 접근이 반드시 필요하다. 한 산업군 내에서 10년 동안 관련 직무에 종사하며 업계에 연관된 다양한 인맥 풀을 가지고 있다면, 채용 담당자들 누구나 탐을 낼 만큼 훌륭한 인재가 될 것이다.

참고문헌

- 마크 매코맥, 《하버드 MBA에서도 가르쳐주지 않는 것들》, 길벗, 1996.
- 맥스웰 몰츠, 신동숙 옮김, 《맥스웰 몰츠 성공의 법칙》, 비즈니스북스, 2019.
- 메릭 로젠버그·대니얼 실버트, 이미정 옮김, 《사람을 읽는 힘 : DISC》, 베가북스, 2013.
- 모치즈키 도시타카, 은영미 옮김, 《보물지도》, 나라원, 2017.
- 박종원 외 3명, 《직업심리학》, 학지사, 2009.
- 스티븐 코비, 김경섭 옮김, 《성공하는 사람들의 7가지 습관》, 김영사, 2017.
- 앨버트 메라비언, 《침묵의 메시지(Silent Messages)》, Wadsworth Pub. Co, 1971.
- 이언 레슬리, 김승진 옮김, 《큐리어스》, 을유문화사, 2014.
- 제이슨 솅커, 박성현 옮김, 《코로나 이후의 세계》, 미디어숲, 2020.
- 존 크럼볼츠·라이언 바비노, 이현정 옮김, 《천 개의 성공을 만든 작은 행동의 힘》, 프롬북스, 2014.
- 찰스 두히그, 강주헌 옮김, 《습관의 힘》, 갤리온, 2012.
- 찰스 디킨스, 김영진 옮김, 《크리스마스 캐럴》, 비룡소, 2003.
- 카밀 래빙턴·스테파니 로시, 《첫인상 3초 혁명》, 한스미디어, 2004.
- 폴 D. 티저·바바라 배런·켈리 티거, 백영미·이민철 옮김, 《나에게 꼭 맞는 직업을 찾는 책》, 민음인, 2016.
- 피터 드러커, 조영덕 옮김, 《피터 드러커의 자기경영노트》, 한국경제신문, 2019.
- 하워드 가드너, 문용린·유경재 옮김, 《다중지능》, 웅진지식하우스, 2007.

- Milton Rokeach, *The Nature of Human Values*, Free Pr, 1973.
- Super, D. E., *The psychology of careers: an introduction to vocational development*, New York : Harper & Brothers, 1957.
- George T. Doran, "There's S.M.A.R.T. Way to Write Management Goals and Objective", AMA FORUM, 1981.